Hagen Buchwald, Matthes Elstermann

Propädeutikum Java

Ein Buch zum Selbststudium

2. Auflage

Propädeutikum Java

Ein Buch zum Selbststudium

von
Hagen Buchwald
Matthes Elstermann

2., überarbeitete und korrigierte Auflage

Im Buch verwendete Soft- und Hardwarebezeichnungen sowie Markennamen und Produktbezeichnungen der jeweiligen Firmen unterliegen dem warenzeichen-, marken- oder patentrechtlichen Schutz.

Impressum

Karlsruher Institut für Technologie (KIT)
KIT Scientific Publishing
Straße am Forum 2
D-76131 Karlsruhe
www.ksp.kit.edu

KIT – Universität des Landes Baden-Württemberg und
nationales Forschungszentrum in der Helmholtz-Gemeinschaft

KIT Scientific Publishing 2012
Print on Demand

ISBN 978-3-86644-914-5

Vorwort zur zweiten Auflage

Diese zweite, überarbeitete Auflage des Buches *Propädeutikum Java* ist eine Reaktion auf die große Nachfrage nach diesem Buch. Wir haben das Feedback, das uns sowohl von Schülern als auch Studenten und Professoren[1] erreicht hat, in diese neue Auflage eingearbeitet. Wir möchten allen, die zum Gelingen dieses Buches beigetragen haben, danken, insbesondere

- den über 250 Teilnehmern des *Vorkurs Java* im September 2011 und ihren Kursleitern Zena Ballout und Oliver Schöll,

- den *informatikBOGY* Schülern des Wintersemesters 2011/12 und den Verantwortlichen am KIT, Prof. Dr. Ralf Reussner, Dr. Benjamin Klatt und Tatjana Rhode,

- den Java-Tutoren Benjamin Bolland, Maik Landwehr, Fabian Rigterink und Leonid Vogel,

- unseren unermüdlichen Ansprechpartnern beim KIT Scientific Publishing Verlag: Regine Tobias, Brigitte Maier, Sabine Mehl und Ernst Rotzinger,

- unserer stets gut gelaunten Hilfswissenschaftlerin Jana Weiner,

- Prof. Dr. Roland Küstermann, DHBW Karlsruhe, Erfinder des *EJE* und Autor der Textvorlage für Kapitel 5

- und Prof. Dr. Dietmar Ratz, DHBW Karlsruhe, Autor des ausgezeichneten Lehrbuchs *Grundkurs Programmieren in Java, Carl Hanser Verlag München, Wien*

---

[1]In dieser Aufzählung sind implizit natürlich auch Schülerinnen, Studentinnen und Professorinnen enthalten. Die Autoren respektieren die Gender-Neutralität, haben sich jedoch aus Gründen der besseren Lesbarkeit des Textes dazu entschlossen, auf die korrekte, vollständige Aufzählung zu verzichten. Dieses Prinzip der leichteren Lesbarkeit wird das gesamte Buch hindurch befolgt.

für

- ihr konstruktives und ideenreiches Feedback,

- ihre begeisterte und begeisternde Mitarbeit,

- ihre tatkräftige Unterstützung beim Gehen der ersten Schritte hin zu diesem Buch,

- ihren Glauben an die Notwendigkeit und den Erfolg dieses Buches und Ihr Durchhaltevermögen trotz vieler unerwarteter Hindernisse und Probleme,

- ihr organisatorisches Talent und ihre unermüdliche Unterstützung und

- ihren Erfindungsgeist und Offenheit für neue Ideen.

Unseren Dank wollen wir auch dem Carl Hanser Verlag aussprechen, mit dessen freundlicher Genehmigung wir die *Goldenen Regeln* übernehmen und weiterentwickeln durften, anlehnend an die Anhänge A.1, A.2 und A.3 des Lehrbuchs *D. Ratz, J. Scheffler, D. Seese, J. Wiesenberger, Grundkurs Programmieren in Java, 6. aktualisierte und erweiterte Auflage, Carl Hanser Verlag München, Wien, 2011.* Dieses Buch wird auch als Aufbaubuch auf *Propädeutikum Java* empfohlen.

Unseren größten Dank wollen wir jedoch an jemanden richten, der uns mit seinen Ideen zur Didaktik mehr als einmal inspiriert hat: *Herzlichen Dank an Professor Helmut Schauer!* Er hat uns vor vielen Jahren mit seinem Buch *PASCAL für Anfänger, Programmieren leicht und schnell erlernbar, Wien-München. R. Oldenbourg Verlag, 1976* gezeigt, dass spannende Aufgaben und die Lust am Experimentieren den Einstieg in die faszinierende Welt der Programmierung ungemein vereinfachen und mit Freude und Spaß bereichern können.

Diesem Vorbild haben wir versucht zu folgen. Wir würden uns freuen, wenn auch Sie die Freude an der spannenden Fertigkeit des Programmierens mit Java mit Hilfe dieses Buches erleben dürften!

Hagen Buchwald und Matthes Elstermann, Karlsruhe, 31. August 2012

Inhaltsverzeichnis

1 Einleitung

Propädeutikum Java ist ein Einführungskurs in die Programmiersprache Java für Schüler und Abiturienten, die sich auf das Studium vorbereiten möchten. Die Autoren haben am Karlsruher Institut für Technologie (KIT) als Dozenten und Übungsleiter jahrelange Erfahrungen im Lehr- und Übungsbetrieb gesammelt und diese Expertise in dieses Buches einfließen lassen. Der didaktische Aufbau des Buchs ermöglicht Anfängern den Einstieg in die faszinierende Welt der Programmierung mit einer Vielzahl einfacher und einprägsamer Beispiele. Das Buch schließt die Lücke zwischen der oftmals nur rudimentären Informatik-Ausbildung an den Schulen und den Anforderungen der Hochschulen an ihre Studienanfänger. Im Selbststudium kann sich der angehende Studierende die notwendigen Grundlagen aneignen, um die Herausforderungen der Programmierausbildung an der Hochschule meistern zu können.

Um es mit den Worten eines Studenten zu sagen: „Die Programmierausbildung ist ein richtig spannendes Gebiet – das hätte ich zuvor nie gedacht! Aber es hat mich sehr viel Zeit gekostet, mich in das Programmieren hineinzudenken. Ich wäre froh gewesen, ich wäre früher damit in Kontakt gekommen!"

Dieses Buch eröffnet Ihnen die Chance dieses rechtzeitigen Kontakts auf eine einfache und unterhaltsame Weise, die den Spaß am Programmieren weckt.

Als Einführung in die Welt der Programmierung kann dieses Buch jedoch kein Ersatz für ein Lehrbuch sein wie z.B. das über 700 Seiten starke, ausgezeichnete Lehrbuch *Ratz, Scheffler, Seese, Wiesenberger: Grundkurs Programmieren in Java*, das eine vollständige Einführung in die objektorientierte Programmierung mit Java für Studierende bietet.

Propädeutikum Java ist eine sehr gute Hinführung zu Lehrbüchern dieses Formats und kann von einem Programmieranfänger leicht in einer Woche durchgearbeitet werden. Damit eignet es sich ideal zur Vorbereitung auf das Studium oder als Grundlage eines Schulpraktikums in einem IT-Unternehmen.

1.1 Herausforderung Programmieren im Studium

Woran liegt es, dass gerade die Programmierausbildung mit Java im Studium für viele Studierende eine große Herausforderung darstellt? Die Erstsemester-Studierenden sehen sich ebenso anderen neuen Fächern wie z.b. Betriebswirtschaftslehre oder Volkswirtschaftslehre gegenüber, in deren Stoff sie sich ebenfalls erst eindenken und eingewöhnen müssen. Dennoch ist laut Lehrveranstaltungsevaluation der notwendige Aufwand für die Programmierausbildung deutlich höher als der der übrigen neuen Fächer. Das erzeugt Stress und Frustration bei den Erstsemestern, da Zeit sich schnell als ein äußerst knappes Gut in einem dichtgepackten Bachelorstudienplan entpuppt.

Gleichzeitig sagen die Ergebnisse der Lehrveranstaltungsevaluationen jedoch auch aus, dass gerade die Programmierausbildung den Studierenden erste wichtige Erfolgserlebnisse im Studium und eine wichtige Grundlage für Firmenpraktika vermittelt.

Die hohe Effektivität dieser Ausbildung steht in einem erstaunlichen Gegensatz zu der Effizienz, mit der diese Fähigkeiten vermittelt werden können. Das verwundert um so mehr, wenn man bedenkt, dass inzwischen die Generation der *Digital Natives* in die Hochschulen einzieht, eine Generation, die viel Zeit im *World Wide Web* verbringt und spielerisch leicht mit ihrem Notebook umgehen kann. Günstiger könnten die Voraussetzungen für eine effiziente Programmierausbildung an sich gar nicht sein.

Doch der Schein trügt: Zu Beginn eines jeden Wintersemesters führten wir eine Befragung unter den neuen Erstsemestern nach ihren Programmierkenntnissen durch. Und jedes Jahr mussten wir leider aufs Neue konstatieren: Maximal 20 Prozent eines Jahrgangs verfügt über Programmierkenntnisse. Umgekehrt formuliert: Über 80 Prozent der Erstsemester-Studierenden eines jeden Jahrgangs hatten weder in der Schule noch in ihrer Freizeit Kontakt mit dem Programmieren. Auch die Generation der *Digital Natives* hat nichts an diesen Statistiken geändert – ganz im Gegenteil: Seit 2005 sinkt die Anzahl der Erstsemester, die über Programmierkenntnisse verfügen!

Als Ursache nennen viele der befragten Erstsemester die schlichte Tatsache, dass an ihrer Schule kein Informatik-Kurs belegt werden konnte, da dieser nicht zustande kam – sei es aus Mangel an Nachfrage seitens der Schüler, sei es aus Mangel an geeignetem Personal an den Schulen. Die Hardware wäre vorhanden gewesen – ein Mangel an Computern lag in der Regel nicht vor. Der Verweis auf eine Einführung in Programme zur Textverarbeitung, Tabellenkalkulation und Präsentationsfolienerstellung ist sicherlich gerechtfertigt und für das Studium wichtig, jedoch kein Ersatz für die Ziele, die mit der Programmierausbildung im Studium verfolgt werden:

- Schärfen des logischen Denkens,

- Fähigkeit zur Analyse großer Informationsmengen, um die richtigen Entscheidungen in komplexen Entscheidungssituationen treffen zu können,

- Fähigkeit, auch große und komplexe Probleme durch systematisches „Teilen und Herrschen" beherrschen zu können.

Woran liegt es, dass die Informatikausbildung an den Schulen offensichtlich einen schweren Stand hat? Fragt man unsere Erstsemester, dann erhält man eine verblüffende Antwort: Entweder galt die angebotene Programmiersprache als veraltet (z.B. *Delphi*) oder aber – wenn eine moderne Sprache wie Java angeboten wurde – galt der Unterricht als „irgendwie langweilig" und „zu kompliziert" und wurde daher nicht an nachfolgende Jahrgänge weiterempfohlen.

Aus Sicht der Autoren steckt die Informatik-Ausbildung an den Schulen in einem Dilemma: Zum einen fühlen sich die Informatik-Lehrer verpflichtet, mit der Zeit zu gehen und eine moderne Programmiersprache wie Java zu unterrichten. Zum anderen sind es jedoch genau Eigenschaften dieser Programmiersprache, die den Unterricht so sehr erschweren, dass er viel von seiner früheren Attraktivität verliert. Welche Eigenschaften von Java sind damit gemeint?

Java ist eine *plattformunabhängige, objektorientierte* Programmiersprache – und erschwert dadurch die Lehre in wichtigen Punkten:

- *Plattformunabhängigkeit:* Java abstrahiert von dem Betriebssystem, auf dem das erstellte Java-Programm läuft. Der Vorteil für die Nutzer: Das Programm kann ohne Anpassungen auf unterschiedlichen Betriebssystemen wie *Windows* oder *Mac OS X* übersetzt und ausgeführt werden. Allerdings zahlt Java für diese Unabhängigkeit von hardwarespezifischen Betriebssystemen auch einen – gerade für die Lehre – hohen Preis: Einfache Anwendungen wie z.B. das Zeichnen eines Linienmusters auf dem Bildschirm, die mit Programmiersprachen wie *Delphi* schnell und einfach geschrieben werden können, können in Java erst im Fortgeschrittenenkurs angeboten werden, da sie Anfänger schlichtweg überfordern. Eine solche Fortgeschritten-Ausbildung kann aus Sicht der Autoren jedoch kein normaler Informatik-Unterricht an den Schulen leisten. Und damit entzieht Java dem Informatik-Unterricht an den Schulen eine Vielzahl einfacher und prägnanter Beispiele, die den Informatik-Unterricht früher attraktiv und spannend machten.

■ *Objektorientierung:* Die primäre Fragestellung bei der objektorientierten Programmierung eines Systems lautet: *Auf was (welchen Objekten) arbeitet das System?* [1] Diese Fragestellung ist sehr mächtig und hilft, Software-Module (*Klassen*) zu programmieren, die auch in anderen Systemen wiederverwendet werden können. Das Ziel der *Wiederverwendung* spielt jedoch in aller Regel für Programmieranfänger noch gar keine Rolle. Programmieranfänger stellen zuerst einmal eine ganz andere Frage in den Vordergrund: *Was macht das System?* Diese Fragestellung ist jedoch die der *prozeduralen* Programmierung.

Das dargestellte Dilemma gilt in verschärfter Weise für die Hochschulen: Was ein Schüler in einem Jahr lernen darf, muss ein Student oftmals in 3 Monaten erlernen. Und jede Note zählt im Bachelorstudium – und die Programmieren-Note wiegt meist besonders schwer. Das erzeugt Druck. Und Druck erzeugt Stress. Vermengt sich dieser Stress mit Frustration, dann erlischt die Motivation für das Fach. Ohne Motivation fehlt der Lernfortschritt. Und ohne Lernfortschritt gibt es kaum Aussicht auf Erfolg in der Klausur. Ein guter Start in das Studium sieht anders aus.

Dieses Buch verfolgt daher das Ziel, den angehenden Studierenden den Zugang zum Programmieren mit Java so leicht wie möglich zu machen. Bewährte Klassiker der prozeduralen Programmierausbildung wie z.B. das Zeichnen von Linienmustern, um mit einfachen Programmen komplexe Gebilde zu erstellen, werden für die Java-Ausbildung zurückgewonnen. Doch wie geht das? Die Antwort, die am KIT seit 2003 konsequent verfolgt und von Jahr zu Jahr verfeinert wurde, lautet:

1. Wir benötigen zum einen einen *Editor*, der leicht zu installieren und zu bedienen ist. Dieser Editor heißt konsequenterweise *Editing Java Easily* oder kurz: *EJE*.

2. Dieser Editor benötigt eine *Zusatz-Java-Bibliothek*, die es Anfängern ermöglicht, attraktive Text- und Grafik-Bildschirmanwendungen auf einfache Art und Weise zu erstellen. Diese Zusatz-Java-Bibliothek heißt *Prog1Tools* und ist fester Bestandteil des *EJE*.

Es ist nun an der Zeit, diese beiden Werkzeuge kennenzulernen.

---

[1] In Anlehnung an *Meyer, Bertrand: Object-oriented software construction. 2. ed., Upper Saddle River, NJ: Prentice Hall PTR, 1997.*

1.2 Einrichten des EJE

Dreh- und Angelpunkt des leichten Zugangs zu Java ist der Java-Editor *Editing Java Easily* oder kurz: *EJE*. Ein *Editor* ist eine Anwendung, mit der ein Text editiert, d.h. erstellt, verändert und abgespeichert werden kann. Ein Java-Editor wie der *EJE* ist eine intuitiv benutzbare Anwendung, mit der Java-Programme *erstellt*, *verändert* und *abgespeichert* und darüber hinaus auch *übersetzt* und *ausgeführt* werden können.

Wie jede Anwendung muss auch der *EJE* erst einmal auf unserem Rechner installiert werden. Der *EJE* ist selbst in Java programmiert. Als Java-Anwendung setzt der *EJE* voraus, dass auf unserem Rechner bereits Java installiert ist, damit er installiert und ausgeführt werden kann.

Doch wie können wir feststellen, ob Java auf unserem Computer installiert ist? Die Antwort finden wir im Internet unter

`http://www.java.com/de/download/installed.jsp`

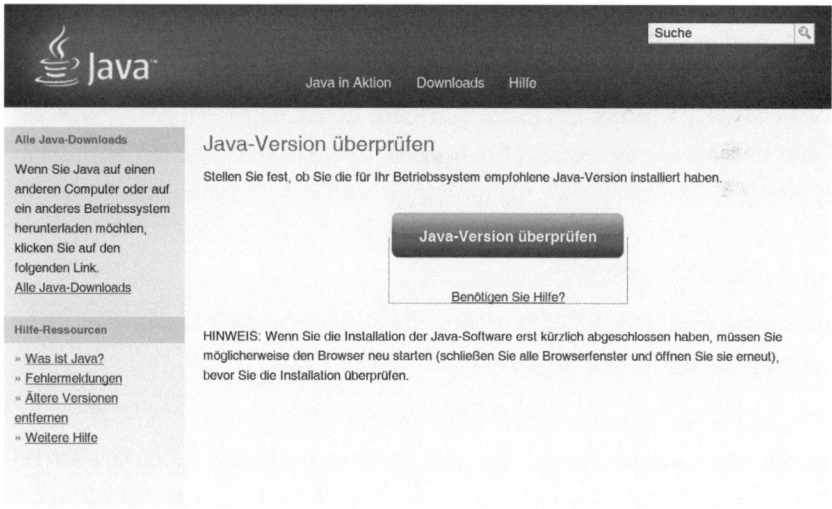

Abb. 1.1: WebSite zur Überprüfung der Java-Installation

5

1.2.1 Überprüfen der Java-Installation

Wir starten auf unserem Rechner einen Internet-Browser und wechseln auf die WebSite

`http://www.java.com/de/download/installed.jsp`

Nun klicken wir auf den Schalter *Java-Version überprüfen*. Es wird nun untersucht, ob die aktuellste Version von Java auf unserem Rechner installiert ist. Ist dies der Fall, erhalten wir eine entsprechende Meldung mit der Versionsnummer unserer Java Installation angezeigt. Sollten wir kein Java bzw. nicht die aktuellste Version von Java installiert haben, erhalten wir eine Anleitung, was wir tun müssen, um Java auf unserem Rechner zu installieren bzw. zu aktualisieren.

1.2.2 Herunterladen und Installieren des EJE

Wenn wir sichergestellt haben, dass Java in der aktuellsten Version auf unserem Rechner installiert ist, können wir uns an die Installation des *EJE* machen. Dazu müssen wir den *EJE* aus dem Internet herunterladen. Wir wechseln in unserem Internet-Browser auf die WebSite

`http://www.eje-home.de`

und werden direkt auf die WebSite des *EJE* weitergeleitet, auf der wir einen Link zum Downloadbereich für den EJE finden. Hier laden wir das für unser Betriebssystem passende Installationsprogramm des EJE herunter, starten es und folgen der Installationsanleitung.

1.2.3 Aktivieren des EJE

Beim ersten Start des *EJE* müssen wir dem *EJE* zeigen, wo sich die Lizenzdatei befindet. Diese Lizenzdatei können wir entweder als Testlizenz unter

`http://www.eje-home.de`

anfordern oder wir erhalten eine Volllizenz kostenlos von unserer Hochschule zur Verfügung gestellt, sofern die Hochschule über eine *EJE-Campus-Lizenz* verfügt, wie es zum Beispiel am Karlsruher Institut für Technologie (KIT) der Fall ist. Eine detaillierte Anleitung zur Installation und Aktivierung des EJE finden wir wiederum unter

`http://www.eje-home.de`

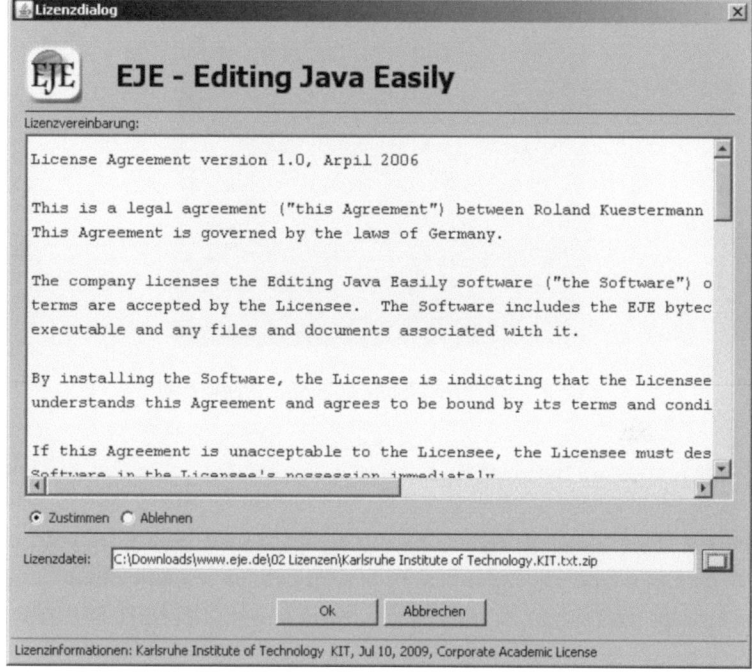

Abb. 1.2: Aktivierungsbildschirm des EJE

1.2.4 Starten des EJE

Wir starten den *EJE*, indem wir einen Doppelklick auf das Icon mit der Aufschrift *EJE* ausführen. Der Startbildschirm des *EJE* – auch Splash genannt – zeigt bereits die erste Herausforderung an, die jeder Java-Programmierneuling als erstes meistern darf: Den *Quellcode* des Programms HelloWorld.

Wir werden dieses Programm nun gemeinsam erstellen – und nicht nur einmal, sondern gleich drei Mal: Als *Konsolen*-Anwendung, als *Textbildschirm*-Anwendung und als *Grafikbildschirm*-Anwendung.

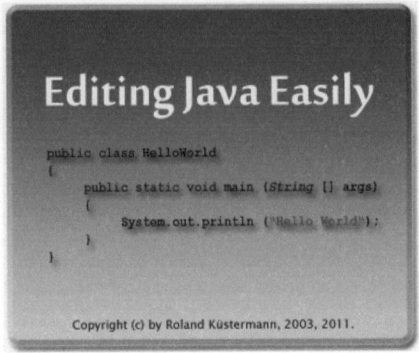

Abb. 1.3: Begrüßungsbildschirm (Splash) des *EJE*

1.3 Programmieren mit dem EJE

Anhand der *Konsolenanwendung* HelloWorld werden wir nun gemeinsam unser erstes Java Programm mit dem *EJE* erstellen. Es handelt sich um eine *Konsolenanwendung*, da die Ausgabe des Programms in das Konsolenfenster des *EJE* erfolgt. Das Konsolenfenster finden wir im unteren Teil des Hauptfensters des *EJE*.

1.3.1 P 01 : HelloWorld als Konsolen-Anwendung

Wir starten den *EJE* und geben in den mit „unbenannt.java" betitelten Schreibbereich folgende Zeilen ein:

```
1  public class HelloWorldKonsole
2  {
3      public static void main (String[] args)
4      {
5          System.out.println("Hello World");
6      }
7  }
```

Nun speichern wir das Programm durch einen Klick auf das blaue Diskettensymbol oben links in der Knopfleiste. Es erscheint das *Datei speichern unter* Dialogfenster. Als Namen für die Programmdatei schlägt der *EJE* den Namen HelloWorldKonsole.java vor. Den Namensvorschlägen des *EJE* werden wir stets folgen, da der *EJE* weiß, dass

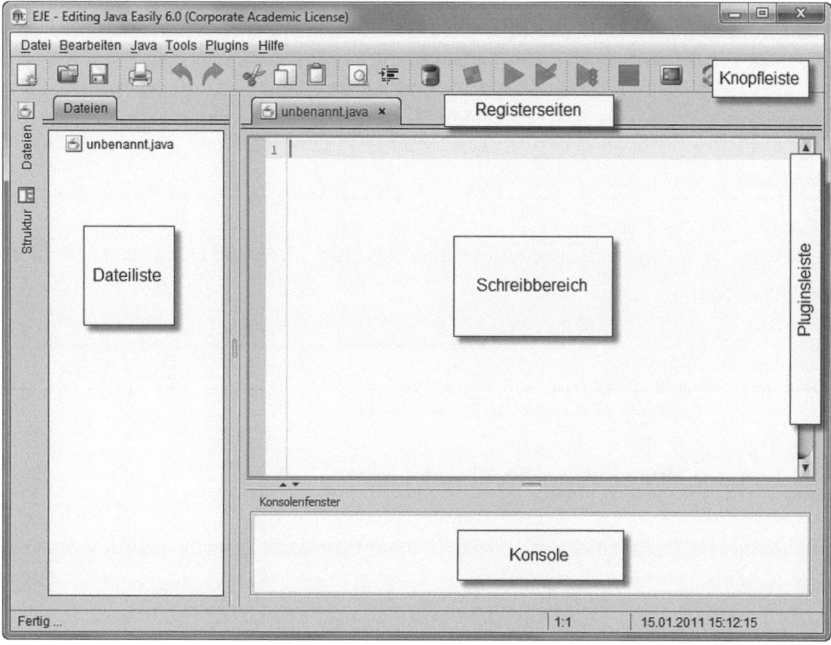

Abb. 1.4: Hauptfenster des *EJE*

Java davon ausgeht, dass der Name der Java-Datei mit dem Programmnamen übereinstimmt. Wir beachten dabei exakt die Groß- und Kleinschreibung – alles muss 1:1 zueinander passen! Wir wollen uns auch gleich angewöhnen, jedes unserer Programme in einem eigenen Verzeichnis abzulegen. Diese Gewohnheit hält Ordnung auf der Festplatte und erleichtert uns das spätere Experimentieren mit dem Programm. Wir können hierzu in gewohnter Weise mit dem *Datei speichern unter* Dialogfenster ein neues Verzeichnis anlegen, z.b. das Verzeichnis P01. Wir speichern nun unser Programm HelloWorldKonsole.java in das neu angelegte Verzeichnis P01 ab. Durch das erfolgreiche Abspeichern des Programms wurde oben in der Knopfleiste ein neuer Schalter mit einer rot-weißen Flagge aktiviert.

Da der Computer den natürlichsprachlichen Quellcode so noch nicht ausführen kann, übersetzen bzw. compilieren wir nun das Programm durch Betätigen des Schalters mit dem rot-weißen Flaggensymbol oben in der Mitte der Knopfleiste, so dass das Programm für den Computer ausführbar wird. Das erfolgreiche Übersetzen unseres Programms erkennen wir daran, dass im Konsolenfenster die Erfolgsmeldung

```
——————————————— Konsolenfenster ———————————————
Compiliere ...

Programm compiliert.
```

erschienen ist. Sollten wir diese Erfolgsmeldung nicht sehen und stattdessen eine Meldung der Form

```
——————————————— Konsolenfenster ———————————————
Compiliere ...
HelloWorldKonsole.java:5: ';' expected
        System.out.println("Hello World")
                                          ^
1 error
Das Programm konnte nicht compiliert werden.
```

erschienen sein, dann müssen wir nochmals unser Programm Zeile für Zeile mit der Vorlage vergleichen. *Groß- und Kleinschreibung* sind ebenso entscheidend wie die exakte Unterscheidung von *geschweiften*, *runden* und *eckigen* Klammern. Die Übertragung des Programmtextes (des Quellcodes) muss also 1:1 vom Buch in den Schreibbereich des *EJE* erfolgen, damit das Übersetzen gelingen kann.

In dem hier dargestellten Fehlerfall haben wir aus Versehen den Strichpunkt am Ende der Programmzeile 5 vergessen – ein kleiner Fehler mit großer Wirkung, da wegen des fehlenden Strichpunkts die Programmzeile 5 und damit das gesamte Programm nicht erfolgreich übersetzt werden konnte.

Wir werden uns stets auf die erste Fehlermeldung konzentrieren, die beim Compilieren erscheint, denn häufig sind die nachfolgenden Fehlermeldungen Folge des in der ersten Fehlermeldung beschriebenen Fehlers. Wir korrigieren unser Programm entsprechend der ersten Fehlermeldung und versuchen nun erneut, das Programm mit Hilfe des rot-weißen *Compile*-Buttons zu übersetzen.

Wir wiederholen diesen Zyklus von Editieren und Compilieren solange, bis das Übersetzen des Programms glückt und die Erfolgmeldung erscheint:

```
——————————————— Konsolenfenster ———————————————
Compiliere ...

Programm compiliert.
```

Das erfolgreiche Übersetzen erkennen wir neben dieser Erfolgsmeldung auch daran, dass nun oben in der Knopfleiste rechts neben dem rot-weißen *Compile*-Schalter ein weiterer Schalter mit einem blauen Play-Symbol aktiviert wurde. Mit diesem *Ausführen*-Schalter können wir das erfolgreich übersetzte Programm ausführen.

Was geschieht nun, wenn man das Programm ablaufen lässt? Klicken wir auf den Schalter mit dem blauen Play-Button und beobachten die Ausgabe auf der Konsole:

```
─────────────── Konsolenfenster ───────────────
Programm wird ausgeführt ...
Hello World

Programm beendet
```

Wir haben nun also gelernt, wie wir einen Text auf der Konsole ausgeben können. Schauen wir uns nochmals das Programm als Ganzes an.

```
1  public class HelloWorldKonsole
2  {
3      public static void main (String[] args)
4      {
5          System.out.println("Hello World");
6      }
7  }
```

Offensichtlich bewirkt die Programmzeile 5

```
System.out.println("Hello World");
```

die Ausgabe des Textes `Hello World` auf der Konsole. Diese eine Zeile zeigt also direkt eine Wirkung. Was jedoch ist mit den übrigen sechs Zeilen, wozu werden diese benötigt? In Programmzeile 1

```
public class HelloWorldKonsole
```

geben wir unserem Programm den Namen `HelloWorldKonsole`. Daher musste auch die Datei, in der wir unser Programm abgespeichert haben, `HelloWorldKonsole.java` heißen, da der Name des Programms und der Name der Datei, in der das Programm abgespeichert ist, übereinstimmen müssen. In dieser Zeile lernen wir auch gleich zwei *Schlüsselwörter* von Java kennen.

Schlüsselwörter sind Wörter in Java, die eine festgelegte Bedeutung haben:

- Das Schlüsselwort `public` bedeutet *öffentlich*, d.h. von außerhalb des Programms zugreifbar bzw. aufrufbar.

- Das Schlüsselwort `class` bedeutet *Klasse*.

Im Gegensatz dazu ist der *Programmname* `HelloWorldKonsole` frei wählbar, d.h. wir hätten unser Programm auch `HalloWelt` oder `MeinErstesProgramm` nennen können.

Zusammengesetzt besagt Programmzeile 1, dass in den Programmzeilen 2 bis 7

```
1  public class HelloWorldKonsole
2  {
3      public static void main (String[] args)
4      {
5          System.out.println("Hello World");
6      }
7  }
```

die öffentliche *Klasse* `HelloWorldKonsole` beschrieben wird.

Warum sprechen wir hier von einer *Klasse* – wir haben doch ein *Programm* geschrieben? Der Begriff *Klasse* spiegelt die objektorientierte Natur von Java wider. In der *prozeduralen* Programmierung spricht man schlicht von einem *Programm* und entsprechend von einem *Programmkopf* und dem zugehörigen *Programmrumpf*. Wir werden in diesem Buch die beiden Begriffe *Klasse* und *Programm* synonym verwenden, da in Java eine *Klasse* tatsächlich wie ein *Programm* ausgeführt werden kann, sobald sie eine gültige *main*-Methode enthält.

Zurück zu unserem Beispiel: Die Programmzeile 1 nennen wir den *Klassenkopf* bzw. *Programmkopf*, während alle Zeilen ab der öffnenden geschweiften Klammer in Programmzeile 2 bis zur schließenden geschweiften Klammer in Programmzeile 7 den *Klassenrumpf* bzw. *Programmrumpf* darstellen. Dieser *Programmrumpf* besteht in unserem Beispiel aus einer einzigen Methode, der *main*-Methode:

```
public static void main (String[] args)
{
    System.out.println("Hello World");
}
```

Die *main*-Methode setzt sich zusammen aus einem *Methodenkopf* in Zeile 3

```
public static void main (String[] args)
```

und einem *Methodenrumpf*, der analog zum *Programmrumpf* mit einer öffnenden geschweiften Klammer in Zeile 4 beginnt und einer schließenden geschweiften Klammer in Zeile 6 endet. Der *Methodenkopf* in Zeile 3 enthält neben dem bereits bekannten Schlüsselwort `public` noch die beiden neuen Schlüsselwörter `static` und `void`:

- Das Schlüsselwort `static` bedeutet *statisch*, d.h. von Anfang an vorhanden.

- Das Schlüsselwort `void` bedeutet *leer*, d.h. es wird kein Wert zurückgegeben.

Bei der *main*-Methode handelt es sich demnach um eine *öffentliche, statische* Methode, d.h. eine Methode, die sofort beim Programmstart vorhanden und von außen aufrufbar ist. Und genau diese Eigenschaft macht sich Java zunutze: Java sucht beim Starten eines Programms dessen *main*-Methode und führt diese aus. Nach diesem Muster funktionieren alle hier vorgestellten Programme. Wir benötigen diesen Programmrahmen, um unser eigentliches Ziel, die Ausgabe des Textes `Hello World`, zu erreichen. Und dies geschieht mit der Programmzeile 5

```
System.out.println("Hello World");
```

In dieser Zeile spiegelt sich erneut die objektorientierte Natur von Java wider. Die Methode `println("Hello World")` wird mit Hilfe der sogenannten *Punktnotation* aufgerufen. Der vollständige Methodenaufruf lautet daher

```
System.out.println("Hello World");
```

und bedeutet: Die Methode `println("Hello World")` wird mit Hilfe der Punktnotation an dem *Objekt* `out` aufgerufen, das selbst wieder mit Hilfe der Punktnotation als der *Klasse* `System` zugehörig gekennzeichnet wird. In den runden Klammern steht der *Methodenparameter* `"Hello World"` der Methode `println`. Dieser muss eine durch doppelte Anführungszeichen begrenzte *Zeichenkette* (engl.: *String*) sein. Das *Objekt* `out` der *Klasse* `System` ist nichts anderes als unser Konsolenfenster bzw. das Konsolenfenster gibt jeden Text aus, der auf diesen „Kanal" geschrieben wird.

Alles verstanden? Nicht ganz? Und wir haben ja noch nicht mal alles erklärt! Was bedeutet `String[]`? Und muss `args` immer `args` heißen? Irgendwie scheint die Antwort auf eine Frage immer gleich zwei neue Fragen aufzuwerfen. Wie soll man da den Einstieg finden? Keine Sorge: Dieses „Überrolltwerden" ist zu Beginn leider ganz normal beim Erlernen von Java. Dieses kleine Programm zeigt das große Problem, das Java für die Lehre aufwirft: Schon alleine um den Rahmen eines ganz einfachen Programms zu erklären, muss man fast die Hälfte der Grundlagen von Java vorwegnehmen! Kein Wunder, dass klassische Lehrbücher zu Java schnell mehrere Hundert Seiten umfassen. Wir suchen jedoch einen einfachen Zugang zu Java.

Daher nutzen wir gezielt eine große Stärke des menschlichen Geistes: Wir akzeptieren einfach diesen Programmrahmen, lernen ihn zur Not auswendig, auch ohne ihn so ganz zu verstehen, und arbeiten uns Beispiel für Beispiel voran. Und Programm für Programm werden wir uns an diesen Rahmen gewöhnen und Schritt für Schritt neue Fähigkeiten von Java kennenlernen.

Fangen wir doch gleich damit an: Mit der Programmzeile

```
System.out.println("Hello World");
```

können wir nicht nur den Text "Hello World" in das Konsolenfenster schreiben, sondern einen beliebigen Text, indem wir statt "Hello World" beispielsweise "Hallo Welt" schreiben. Und wenn wir mehrere Zeilen ausgeben möchten, dann schreiben wir einfach mehrere Zeilen der Form

```
System.out.println(text);
```

untereinander, wobei text eine Zeichenkette sein muss, die – wie bei "Hello World" gesehen – mit einem doppelten Anführungszeichen beginnen und enden muss.

Ob das funktioniert? Versuchen wir es einfach! Wir nutzen den *EJE* einfach als das, wozu er von seinem Schöpfer *Professor Dr. Roland Küstermann* am KIT auch erfunden wurde: Als Experimentierkasten für das spielerische Erlernen von Java!

Experiment P01: Wie müssen wir das Programm HelloWorldKonsole erweitern, um folgende Ausgabe zu erhalten?

```
───────────────────────── Konsolenfenster ─────────────────────
Programm wird ausgeführt ...
Hello World
Eigentlich ist es gar nicht schwer,
ein Java Programm zu schreiben.

Programm beendet
```

1.4 Textbildschirm-Anwendungen

Das Experiment zum Abschluss des vorangehenden Kapitels verdeutlicht einen großen Nachteil des Konsolenfensters: Durch mehrere Aufrufe des Befehls `System.out.println` kann immer nur Zeile für Zeile untereinander geschrieben werden. Die Konsole erlaubt es uns nicht, gezielt einen Text in die Mitte des Konsolenfensters und dann wieder oben links auf das Konsolenfenster zu schreiben. Um diesen Nachteil zu überwinden, bietet der *EJE* neben dem Konsolenfenster ein weiteres textbasiertes Fenster an: Den *EJE TextScreen*.

Der *EJE TextScreen* verfügt über 25 Zeilen und 80 Spalten. Daraus entsteht eine Matrix von $25 * 80 = 2000$ Zellen. In jede dieser Zellen kann genau ein Zeichen geschrieben werden. Jede dieser Zellen kann über ihre Koordinaten `zeile` und `spalte` gezielt angesprochen werden. Dazu dient der Befehl

```
screen.write(zeile, spalte, text);
```

wobei `zeile` den Wert von 0 bis 24 annehmen kann und `spalte` den Wert von 0 bis 79. Die Programmzeile

```
screen.write(0, 0, "A");
```

schreibt ein A in die *obere linke* Ecke des *EJE TextScreens* und

```
screen.write(0, 79, "B");
```

ein B in die *obere rechte* Ecke des *EJE TextScreens*, während

```
screen.write(24, 0, "C");
```

ein C in die *untere linke* Ecke des *EJE TextScreens* schreibt und

```
screen.write(24, 79, "D");
```

ein D in die *untere rechte* Ecke des *EJE TextScreens*.

Wie sieht unser `HelloWorld`-Programm aus, wenn wir es statt im Konsolenfenster auf dem *EJE TextScreen* ablaufen lassen möchten?

15

1.4.1 P 02 : HelloWorld als TextScreen-Anwendung

Wir erstellen das Programm `HelloWorldTextbildschirm` mit folgendem Quellcode:

```
1  import Prog1Tools.TextScreen;
2  public class HelloWorldTextbildschirm
3  {
4      public static void main (String[] args)
5      {
6          TextScreen screen = TextScreen.getInstance();
7          screen.write(12, 40, "Hello World");
8      }
9  }
```

Das Schlüsselkonzept dieses Buches lautet, von Programmbeispiel zu Programmbeispiel neue Fähigkeiten von Java kennenzulernen und dabei auf den in den Vorgängerbeispielen kennengelernten Fähigkeiten aufzusetzen, ohne diese nochmals erklären zu müssen. Wir erlernen das Programmieren mit Java durch Programmbeispiele, wobei jedes Beispiel eine kleine Neuerung bringen wird. Und nur auf diese Neuerung konzentrieren wir uns, den Rest setzen wir als bekannt voraus.

Was also ist – verglichen mit dem Programm `HelloWorldKonsole` – neu an diesem Programm? Neu ist zum einen die Programmzeile 1

```
import Prog1Tools.TextScreen;
```

und sie führt ein neues Schlüsselwort ein:

■ Das Schlüsselwort `import` bedeutet *importieren*, d.h. die von Java zur Verfügung gestellte Menge an Methoden wird um die Methoden der importierten Klasse erweitert.

Programmzeile 1 erweitert unser Programm `HelloWorldTextbildschirm` um die *Klasse* `TextScreen`, die aus der *Klassenbibliothek* `Prog1Tools` stammt. Auf diese Weise stellen wir unserem Programm den *EJE TextScreen* zur Verfügung. Und diesen *EJE TextScreen* nutzen wir dann im Methodenrumpf der *main*-Methode. Mit der Zeile 6

```
TextScreen screen = TextScreen.getInstance();
```

erhalten wir über den Namen `screen` Zugriff auf den *EJE TextScreen*. Und in der Programmzeile 7

```
screen.write(12, 40, "Hello World");
```

geben wir den Schriftzug "Hello World" auf dem *EJE TextScreen* aus. Die Position der Ausgabe haben wir dabei beschrieben als: Zeile 12, Spalte 40.

Was geschieht nun, wenn wir das Programm im *EJE* ausführen? Die Schritte sind exakt die gleichen wie zuvor bei der Konsolenanwendung:

1. Wir übertragen das Programm Zeile für Zeile gemäß obiger Vorlage in den Schreibbereich des *EJE*.

2. Wir speichern das Programm mit Hilfe des blauen *Speichern*-Schalters in einem neu angelegten Verzeichnis P02 unter dem Namen HelloWorldTextbildschirm.java ab.

3. Wir compilieren das Programm mit Hilfe des rot-weißen *Compile*-Schalters.

4. Wir korrigieren ggf. Fehler im eingegebenen Quellcode, indem wir Zeile für Zeile überprüfen, ob wir wirklich jede Zeile 1:1 in den *EJE* übertragen haben.

5. Wir führen das Programm mit Hilfe des blauen *Play*-Schalters aus.

Im Konsolenfenster erscheint die Meldung, dass das Programm ausgeführt wird.

Diese Meldung kann aus einer Zeile bestehen

```
─────────────────────── Konsolenfenster ───────────────────────
Programm wird ausgeführt ...
```

oder aus mehreren Zeilen der Form

```
─────────────────────── Konsolenfenster ───────────────────────
Programm wird ausgeführt ...
||C4J|| Info: 'Prog1Tools.Screen' and descendants will be guarded by
'Prog1Tools.ScreenSpecContract'
||C4J|| Info: 'Prog1Tools.TextScreenCell' and descendants will be
guarded by 'Prog1Tools.TextScreenCellSpecContract'
```

je nachdem, ob im *EJE* unter *Datei, Einstellungen, Design Driven Development* die C4J-Engine aktiviert ist oder nicht. Hier zeigt sich die Fähigkeit des *EJE*, den *objektorientierten Entwurf* auf Basis von *Design by Contract* zu unterstützen. Für uns als Anfänger in der Programmierung ist dies jedoch noch kein Thema, das uns schon jetzt beschäftigt. Wir registrieren lediglich, dass der *EJE* perfekt die Ausbildung sowohl in

17

der *prozeduralen* als auch in der *objektorientierten* Welt unterstützen kann. Die *Design by Contract* Ausgaben von C4J *(Contracts for Java)* im Konsolenfenster sind für uns noch nicht wichtig und können ignoriert werden. Entscheidend für uns ist vielmehr, dass nun ein Fenster names *EJE TextScreen* mit dem Schriftzug Hello World erscheint. Dieses

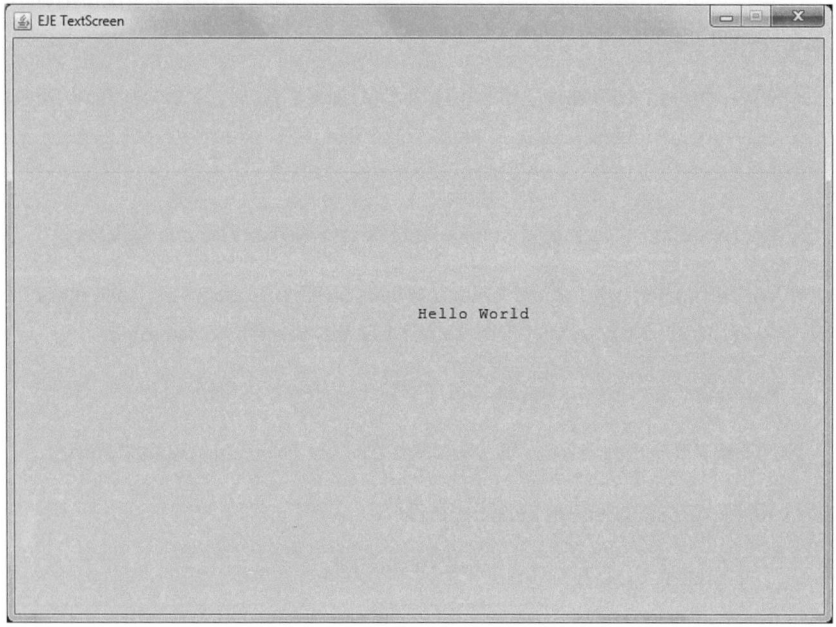

Abb. 1.5: *EJE TextScreen* bei der Ausführung des Programms HelloWorldTextbildschirm

Ergebnis sieht schon deutlich attraktiver aus als sein Konsolenfenster-Pendant. Wir beenden das Programm durch Schließen des *EJE TextScreen* Fensters, d.h. wir betätigen den *Fenster-Schließen*-Schalter oben rechts in der Fensterecke.

Wie man Text gezielt auf einen Textbildschirm schreibt, das haben wir nun kennengelernt. Ein guter Zeitpunkt für ein paar neue Experimente, denn erst durch Versuch und Irrtum erlangen wir echte Handlungskompetenz.

Experiment P02:

1. Wie müssen wir das Programm `HelloWorldTextbildschirm` ergänzen, um den Schriftzug `Hello World` einzurahmen, d.h. mit einem Rahmen von `"*"`-Zeichen zu umgeben?

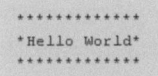

2. Der EJE verfügt auch über Vorlagenprogramme, die man unter *Datei, Vorlagen* in den Editor laden kann. Versuchen Sie es einmal mit der Vorlage *Datei, Vorlagen, TextScreen, Kalibrierungshilfe*. Das so entstandene Programm heißt `TextScreen Calibrator`. Compilieren Sie es und führen Sie es aus. Verändern Sie die Größe des angezeigten *EJE TextScreens*, indem Sie seinen Fensterrand z.b. in der unteren rechten Ecke mit der Maus packen und verschieben. Je nach dem von Ihnen verwendeten *Look and Feel* Ihres Betriebssystems kann es sein, dass der *EJE TextScreen* eine andere Höhe oder Breite als die vorgegebene benötigt, um alle Zeilen ohne Leerbereich zwischen den äußersten Zellen und dem Fensterrand anzuzeigen. Notieren Sie die in der Titelleiste des *EJE TextScreens* angezeigten Werte für Breite und Höhe des Fensters in Pixeln, sobald alle Zeichen im *EJE TextScreen* passgenau zum rechten und unteren Fensterrand angezeigt werden.

3. Nutzen Sie die aus Experiment *P02.2* gewonnenen Erkenntnisse und ersetzen Sie die leere Klammer hinter dem Aufruf von `getInstance` in Programmzeile 6

```
TextScreen screen = TextScreen.getInstance();
```

durch das Wertepaar (`width`, `heigth`), wobei Sie als `width` den von Ihnen notierten Wert für die ideale Breite des *EJE TextScreens* und als `height` den von Ihnen in notierten Wert für die ideale Höhe des *EJE TextScreens* in Pixeln angeben. Übersetzen Sie das Programm erneut und führen Sie es aus. Wenn Ihnen das Ergebnis zusagt, können Sie alle *EJE TextScreen* Beispiele mit dieser modifizierten Programmzeile verwenden.

1.5 Grafikbildschirm-Anwendungen

Das Experiment zum Abschluss des vorangehenden Kapitels verdeutlicht einen Nachteil des *EJE TextScreens*: Das Umrahmen eines Textes mit *-Zeichen ist zwar ganz nett, zum Zeichnen von grafischen Linien oder gar Linienmustern reichen diese Möglichkeiten jedoch bei Weitem nicht aus. Die Auflösung des *EJE TextScreens* ist dazu einfach viel zu gering. Um diesen Nachteil zu überwinden, bietet der *EJE* neben dem *EJE TextScreen* ein weiteres, nunmehr *grafikbasiertes* Fenster an: Den *EJE GraphicScreen*.

Der *EJE GraphicScreen* verfügt standardmäßig über $801 * 601 = 481.401$ Bildpunkte, im Englischen *Pixel* genannt. Jeder dieser Bildpunkte kann über seine Koordinaten x und y gezielt angesprochen werden. Wenn wir beispielsweise einen Text auf diesen Bildschirm malen wollen, dann machen wir dies mit Hilfe der Anweisung

```
screen.drawText(x, y, text);
```

wobei x den Wert von 0 bis 800 annehmen kann und y den Wert von 0 bis 600. In Java fangen wir also offensichtlich stets mit der Null an zu zählen und nicht mit der Eins.

Der *Ursprung* dieses *Koordinatensystems* – der Punkt (0, 0) – liegt in der *oberen linken* Ecke des *EJE GraphicScreens* mit einer am oberen Bildschirmrand gedachten, waagrecht von links nach rechts verlaufenden x-Achse und einer am linken Bildschirmrand gedachten, senkrecht von oben nach unten verlaufenden y-Achse. Entsprechend liegt der Punkt (800, 600) in der *unteren rechten* Ecke des *EJE GraphicScreens*, der Punkt (800, 0) in der *oberen rechten* Ecke und der Punkt (0, 600) in der *unteren linken* Ecke.

Das ist der Rahmen, in dem wir *Texte, Linien, Kreise, Elipsen, Quadrate, Rechtecke* und beliebige Formen mit Hilfe sogenannter *Polylinien* zeichnen können. So zeichnet beispielsweise die Programmzeile

```
screen.drawText(400, 300, "Hello World");
```

den Schriftzug Hello World ab der Koordinate (400, 300) auf den *EJE GraphicScreen*, während die Programmzeile

```
screen.drawLine(100, 100, 700, 500);
```

eine Linie vom Startpunkt (100, 100) diagonal über den *EJE GraphicScreen* bis zum Endpunkt (700, 500) zeichnet.

1.5.1 P 03 : HelloWorld als GraphicScreen-Anwendung

Wir erstellen das Programm HelloWorldGrafikbildschirm mit folgendem Quellcode:

```
1  import Prog1Tools.GraphicScreen;
2  public class HelloWorldGrafikbildschirm
3  {
4      public static void main (String[] args)
5      {
6          GraphicScreen screen = GraphicScreen.getInstance();
7          screen.drawText(400, 300, "Hello World");
8      }
9  }
```

Was geschieht nun, wenn man das Programm übersetzt und ablaufen lässt?

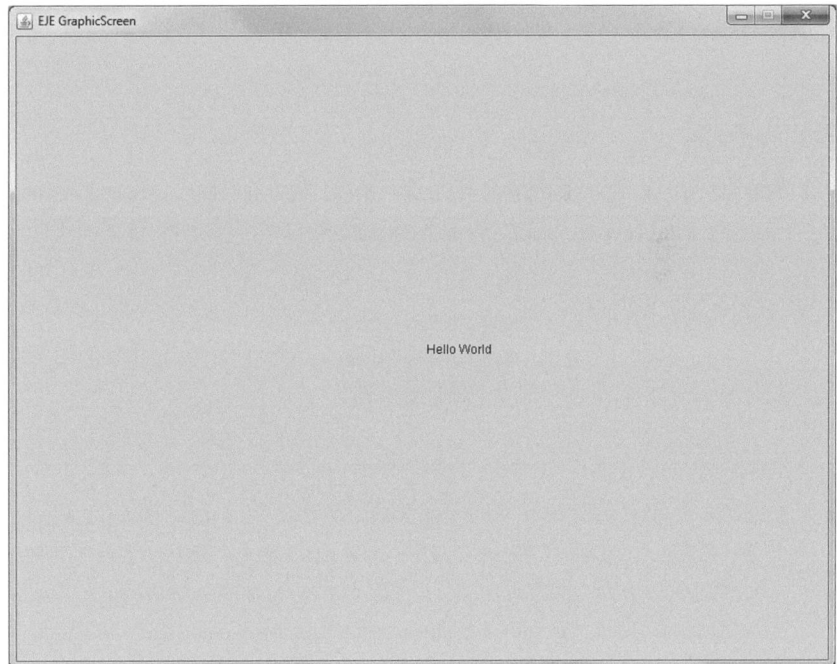

Abb. 1.6: *EJE GraphicScreen* bei der Ausführung des Programms HelloWorldGrafikbildschirm

Auf den ersten Blick erkennen wir fast keinen Unterschied zum Programm `HelloWorld` `Textbildschirm`. Lediglich in der `import`-Anweisung in Programmzeile 1 und auch in Programmzeile 6 wurde der Begriff `TextScreen` durch `GraphicScreen` ersetzt. Und in Programmzeile 7 arbeiten wir nun mit der `drawText`-Methode des *EJE GraphicScreens* anstatt der `write`-Methode des *EJE TextScreens*.

Bei der Ausführung des Programms sind auch nur geringe Unterschiede zu sehen. Die Titelzeile zeigt uns an, dass es sich nun nicht um den *EJE TextScreen*, sondern um den *EJE GraphicScreen* handelt. Und die Schriftart des Schriftzugs `Hello World` scheint auch eine etwas andere zu sein. Zudem scheint die Schriftgröße etwas kleiner zu sein. Aber was bringt uns das nun Neues?

Nun, wir wissen, wie man Text gezielt auf einen Grafikbildschirm malt. Zudem haben wir weiter oben gesehen, wie man auch eine Linie auf den *EJE GraphicScreen* zeichnen kann. Sollten wir diese beiden Fähigkeiten nicht versuchen zu kombinieren? Ein guter Zeitpunkt für ein paar neue Experimente, um den *EJE GraphicScreen* kennen und schätzen zu lernen.

Experiment P02:

1. Wie müssen wir das Programm `HelloWorldGrafikbildschirm` ergänzen, um den Schriftzug `Hello World` mit Linien einzurahmen?

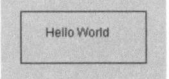

2. Der EJE verfügt auch über Vorlagenprogramme, die man unter *Datei, Vorlagen* in den Editor laden kann. Versuchen Sie es einmal mit der Vorlage *Datei, Vorlagen, GraphicScreen, GraphicScreen Demo*. Das so entstandene Programm heißt `GraphicScreenDemo`. Compilieren Sie es und führen Sie es aus. Der *EJE Graphic Screen* demonstriert Ihnen nun, über welche grafischen Fähigkeiten er verfügt.

1.6 Aufbau des Buches

Der Aufbau dieses Buches spiegelt sich im Aufbau der Einleitung wider. Wir haben anhand von drei Beispielen einen ersten Zugang zu Java erhalten und uns erste, grundlegende Fähigkeiten zum Erstellen von *Konsolen-*, *Textbildschirm-* und *Grafikbildschirm-* Anwendungen angeeignet. Die Experimente dienten dazu, das Erlernte zu vertiefen.

Der Buchaufbau folgt nun dieser Idee, anhand des Übertragens von einfachen, prägnanten Programm-Beispielen in den *EJE* Java Facette für Facette kennenzulernen, wobei jedes Beispiel auf dem Wissen aufbaut, das zuvor bereits gewonnen wurde.

Daher sollte dieses Buch auch systematisch von vorne nach hinten durchgearbeitet werden. Der Buchaufbau stellt sich wie folgt dar:

- In Kapitel 2 lernen wir die sogenannten *Kontrollstrukturen* von Java kennen. Sie gehören zu den wesentlichen *Grundelementen* von Java und steuern den Programmfluss. Bislang wurde jede Zeile in unseren Programmen genau einmal ausgeführt. Die Kontrollstrukturen werden es uns ermöglichen, ein und dieselbe Programmzeile mehrmals in *Schleifen* auszuführen.

- In Kapitel 3 vertiefen wir dann das Thema *Datentypen*. Während wir in Kapitel 2 fast durchgehend mit *ganzzahligen* Werten umgehen, arbeiten wir ab Kapitel 3 ganz bewusst auch mit *Fließkommazahlen*, *logischen Werten*, *Zeichen* und *Zeichenketten*. Zudem lernen wir einfache *Datenstrukturen*, wie sie Java von Haus aus bietet, in Form von *Feldern* kennen.

- In Kapitel 4 nutzen wir das in den Kapiteln 2 und 3 gewonnene Wissen, um komplexere Programme zu erstellen. Um die Komplexität jedoch auch noch beherrschen zu können, nutzen wir die Aufteilung des Programms in *Methoden*. Dieser *Top-Down* genannte Strukturierungsansatz basiert auf drei Arten von Methoden:

  - *Kommandos*: Methoden ohne Rückgabewert.

  - *Abfragen*: Methoden mit Rückgabewert.

  - *Rekursionen*: Methoden, die sich in ihrem Methodenrumpf wiederum selbst aufrufen und die sowohl mit als auch ohne Rückgabewert auftreten können.

- In Kapitel 5 lernen wir den *EJE* nochmals von Grund auf kennen. Wir erhalten eine vertiefende Einführung in das Arbeiten mit dem *EJE* anhand eines einfachen Programmbeispiels, so dass vieles von dem, was wir zwar benutzt, jedoch nicht vollständig verstanden haben, sich zu einem logischen Ganzen zusammenfügt. Zudem lernen wir eines der für Anfänger wichtigsten Plugins des *EJE* kennen: *Jeliot*, ein Java-Visualisierungs-Programm, das uns die Programmausführung einfacher Konsolenanwendungen Schritt für Schritt vor Augen führt.

- Kapitel 6 fasst die wesentlichen Erkenntnisse, die uns dieses Buch für das Programmieren mit Java vermittelt hat, nochmals übersichtlich in Form häufig verwendeter *Codefragmente* und einer Liste „goldener" Regeln zur *Code-Formatierung* und zur *Namensgebung* in Java zusammen.

Und nun viel Spaß bei unserer gemeinsamen Entdeckungsreise in die Welt der Programmierung mit Java!

2 Grundelemente von Java

In diesem Kapitel lernen wir die sogenannten *Kontrollstrukturen* von Java kennen. Sie gehören zu den wesentlichen *Grundelementen* von Java und steuern den Programmfluss. Bislang wurde jede Zeile in unseren Programmen genau einmal ausgeführt. Die Kontrollstrukturen werden es uns ermöglichen, ein und dieselbe Programmzeile mehrmals in *Schleifen* auszuführen. Beginnen wollen wir jedoch mit dem Hinzufügen von *Kommentaren* zu einem Programm, um den Programmaufbau besser dokumentieren zu können.

2.1 Programmaufbau

Verinnerlichen wir uns nun nochmals den Aufbau eines Programms anhand des in der Einleitung zuletzt betrachteten Programms HelloWorldGrafikbildschirm.

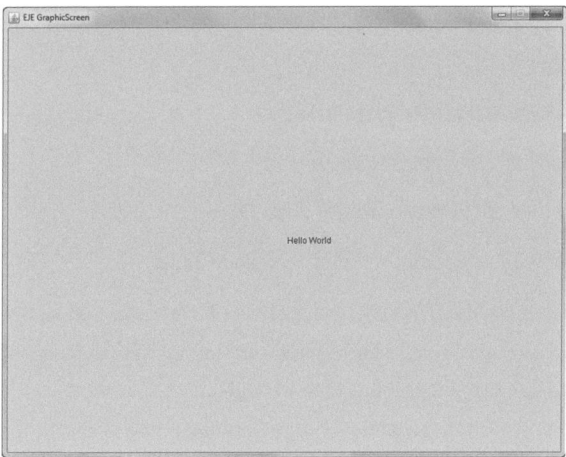

Abb. 2.1: *EJE GraphicScreen* bei der Ausführung des Programms HelloWorldGrafikbildschirm

2.1.1 P 04 : HelloWorld als Grafikbildschirm-Anwendung

Das Programm HelloWorldGrafikbildschirm sieht wie folgt aus:

```
1   import Prog1Tools.GraphicScreen;
2   public class HelloWorldGrafikbildschirm
3   {
4       // Deklaration und Initialisierung von
5       // - globalen statischen Konstanten
6       // - globalen statischen Variablen
7
8       public static void main (String[] args)
9       {
10          // Deklaration und Initialisierung von:
11          // - lokalen Konstanten
12          // - lokalen Variablen
13          GraphicScreen screen = GraphicScreen.getInstance();
14
15          // Anweisungen
16          screen.drawText(400, 300, "Hello World");
17      }
18  }
```

Die Programmzeilen 4 bis 6 und 10 bis 12 sowie 15 sind neu. Sie haben jedoch offensichtlich keine Auswirkung auf die Ausführung des Progamms, wie die Abbildung 2.1 zeigt. Es handelt sich um *Kommentare*, die vom Java-Compiler bei der Übersetzung des für Menschen lesbaren *Quellcodes* in den von der *Java Virtual Machine (JVM)* ausführbaren *Bytecode* ignoriert werden. Der Aufbau eines einfachen Java-Programms zerfällt in folgende Teile:

- import-Anweisungen (Programmzeile 1).

- *Programmkopf* (Programmzeile 2).

- *Programmrumpf* (Programmzeilen 3 bis 18).

Der *Programmrumpf* wiederum zerfällt in folgende Teile:

- Deklaration und Initialisierung von *globalen Konstanten* und *Variablen*, die – um im *statischen Kontext* der *main*-Methode verwendet werden zu können – statischer Natur sein müssen (Programmzeilen 4 bis 6). Diese *Variablen* und *Konstanten* heißen *global*, da sie im gesamten *Programmrumpf* und damit in allen *Methodenrümpfen* angesprochen werden können.

- *Methoden* (Programmzeilen 8 bis 17).

Der Aufbau einer *Methode* zerfällt in folgende Teile:

■ *Methodenkopf* (Programmzeile 8).

■ *Methodenrumpf* (Programmzeilen 9 bis 17).

Der *Methodenrumpf* wiederum zerfällt – wie hier am Beispiel der *main*-Methode gezeigt – in folgende Teile:

■ Deklaration und Initialisierung von *lokalen Variablen* und *Konstanten* (Programmzeilen 10 bis 13). Diese *Variablen* und *Konstanten* heißen *lokal*, da sie nur in dem *Methodenrumpf* angesprochen werden können, in dem sie deklariert wurden, in diesem Fall also nur innerhalb des Rumpfes der *main*-Methode.

■ *einer Folge von Anweisungen* (Programmzeilen 15 bis 16).

An dem obigen Quellcodebeispiel sieht man sehr gut, dass jeglicher Text einer Zeile, der rechts von zwei Schrägstrichen der Form // steht, als *Kommentar* erkannt wird. Kommentare helfen, den Quellcode so zu dokumentieren, dass die dem Programm zu Grunde liegende Lösungsidee in natürlicher Sprache festgehalten werden kann.

Kommentare können jedoch auch anzeigen, welche Teile eines Programms an welche Stelle geschrieben werden sollen. Diese Anwendung von Kommentaren liegt hier vor.

Der Autor dieses Programms drückt folgende Anleitung durch die Kommentare aus:

1. Die *globalen Konstanten* und *Variablen* sollen gleich zu Beginn des Programmrumpfs *deklariert* und *initialisiert* werden.

2. Die *lokalen Konstanten* und *Variablen* sollen gleich zu Beginn eines Methodenrumpfs *deklariert* und *initialisiert* werden.

Doch was ist eigentlich eine *Variable*? Und was ist eine *Konstante*? Und was versteht man unter der *Deklaration* und *Initialisierung* einer *Variablen* bzw. einer *Konstanten*?

Diese Fragen werden im nächsten Kapitel anhand der sogenannten do-Schleife motiviert und beantwortet.

2.2 do-Anweisung

Wir wollen nun versuchen, folgendes Linienmuster zu erzeugen. Eine mögliche Lösung

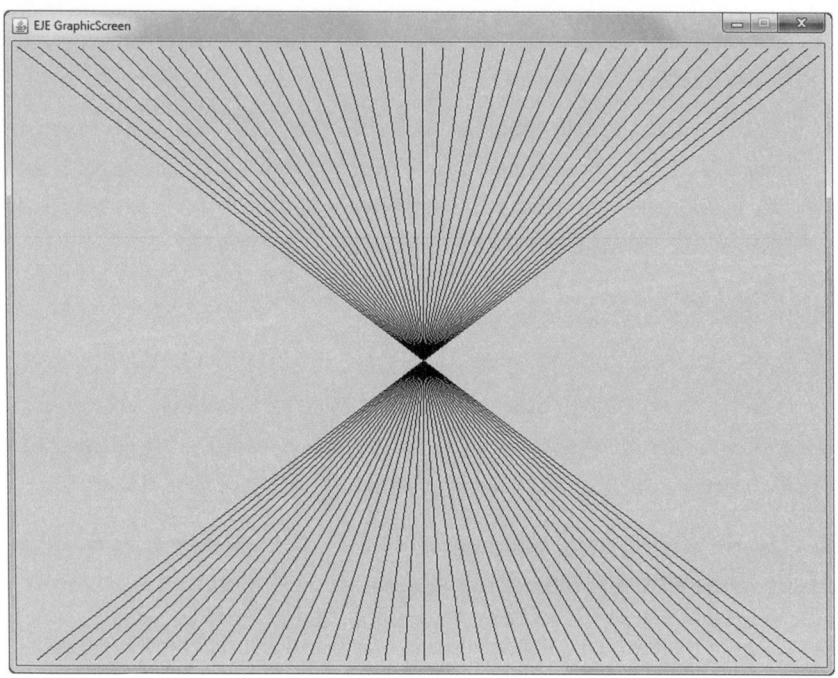

Abb. 2.2: *EJE GraphicScreen* bei der Ausführung des Programms Linienmuster1

zur Erstellung dieses aus 40 Linien bestehenden Linienmusters wäre es, jede einzelne Linie mit Hilfe einer Folge von 40 Programmzeilen zu zeichnen:

```
screen.drawLine(0, 0, 800, 600);    // Linie  1

screen.drawLine(800, 0, 0, 600);    // Linie 40
```

Wir müssten also 40 Mal eine stets sehr ähnliche Programmzeile schreiben, in der sich lediglich die Werte, die der Methode übergeben werden, verändern. Geht das nicht auch einfacher?

2.2.1 P 05 : Linienmuster 1

Wir erstellen das Programm Linienmuster1 mit folgendem Quellcode:

```
 1  import Prog1Tools.GraphicScreen;
 2
 3  public class Linienmuster1
 4  {
 5      public static void main (String[] args)
 6      {
 7          GraphicScreen screen = GraphicScreen.getInstance();
 8          int x1, y1, x2, y2;
 9          final int MILLISEKUNDEN = 10;
10          x1 = 0;
11          y1 = 0;
12          x2 = 800;
13          y2 = 600;
14          do
15          {
16              screen.drawLine(x1, y1, x2, y2);
17              screen.pause(MILLISEKUNDEN);
18              x1 = x1 + 20;
19              x2 = x2 - 20;
20          } while (x2 >= 0);
21      }
22  }
```

Wenn wir das Programm Linienmuster1 übersetzen und ausführen, erhalten wir genau das gewünschte Linienmuster, obwohl das Programm nicht 40 Programmzeilen der Form

$$\text{screen.drawLine(0, 0, 800, 600);}$$

enthält, sondern nur eine einzige drawLine-Anweisung in Programmzeile 16:

$$\text{screen.drawLine(x1, y1, x2, y2);}$$

Dafür sieht diese Programmzeile auch anders als bislang gewohnt aus: Statt konkreter Werte wie 0 oder 800 werden der Methode drawLine *Variablen* übergeben: x1, y1, x2 und y2. *Variable* heißt „Veränderliche", also *Platzhalter* für veränderliche Werte – das ist genau das, was wir für die Berechnung des Linienmusters auch benötigen.

Die *Variablentabelle* (Tabelle 2.1) zeigt uns Schritt für Schritt, wie sich die in den Variablen gespeicherten ganzzahligen Werte im Laufe der Programmausführung verändern und dadurch das dargestellte Muster berechnet wurde.

Prog.zeile	Java-Code	x1	y1	x2	y2	x2 >= 0
10	x1 = 0	0				
11	y1 = 0	0	0			
12	x2 = 800	0	0	800		
13	y2 = 600	0	0	800	600	
16	screen.drawLine(x1, y1, x2, y2)	0	0	800	600	
18	x1 = x1 + 20	20	0	800	600	
19	x2 = x2 - 20	20	0	780	600	
20	while (x2 >= 0)					true
16	screen.drawLine(x1, y1, x2, y2)	20	0	780	600	
18	x1 = x1 + 20	40	0	780	600	
19	x2 = x2 - 20	40	0	760	600	
20	while (x2 >= 0)					true
16	screen.drawLine(x1, y1, x2, y2)	40	0	760	600	
18	x1 = x1 + 20	60	0	760	600	
19	x2 = x2 - 20	60	0	740	600	
20	while (x2 >= 0)					true
16	screen.drawLine(x1, y1, x2, y2)	60	0	740	600	
18	x1 = x1 + 20	80	0	740	600	
19	x2 = x2 - 20	80	0	720	600	
20	while (x2 >= 0)					true
..	..	..	..	..	..	..
20	while (x2 >= 0)					true
16	screen.drawLine(x1, y1, x2, y2)	780	0	20	600	
18	x1 = x1 + 20	800	0	20	600	
19	x2 = x2 - 20	800	0	0	600	
20	while (x2 >= 0)					true
16	screen.drawLine(x1, y1, x2, y2)	800	0	0	600	
18	x1 = x1 + 20	820	0	0	600	
19	x2 = x2 - 20	820	0	-20	600	
20	while (x2 >= 0)					false

Tab. 2.1: Variablentabelle des Programms Linienmuster1

Die Variablentabelle listet die Belegung der *Variablen* x1, y1, x2 und y2 während des Programmablaufs auf. Jede Zeile in der Tabelle dokumentiert das *Ergebnis* eines *Programmschritts*. Ein Programmschritt führt eine *Anweisung* in der aktuellen *Programmzeile* aus. Der in diesem Programmschritt zur Ausführung gelangte *Java-Code* wird angegeben. Um den Programmablauf des Programms Linienmuster1 zu verstehen, betrachten wir den Methodenrumpf der *main*-Methode. In der Programmzeile 7

```
GraphicScreen screen = GraphicScreen.getInstance();
```

wird die lokale Variable screen *deklariert* und *initialisiert*, d.h. die Variable screen

- wird als eine Variable vom Typ GraphicScreen *deklariert* und

- durch die *Zuweisung* des *EJE GraphicScreens* (man spricht von einer Instanz des *EJE GraphicScreens*, daher der Methodenname getInstance) *initialisiert* und

- kann als lokale Variable nur *innerhalb* dieses Methodenrumpfs angesprochen werden, was uns jedoch in diesem Programm vollkommen ausreicht.

In der Programmzeile 8

```
int x1, y1, x2, y2;
```

werden gleich vier lokale *Variablen* auf einmal als Variablen vom Typ int deklariert.

Der Typ int steht für ganzzahlige Werte, d.h. die Variablen x1, y1, x2 und y2 können nur ganzzahlige Werte annehmen wie z.B. 1 oder 2, nicht jedoch 1.1 oder 2.5. Zu diesem Zeitpunkt (Programmzeile 8) sind die Werte dieser vier Variablen noch undefiniert. In der Programmzeile 9

```
final int MILLISEKUNDEN = 10;
```

wird die *lokale Konstante* MILLISEKUNDEN vom Typ int deklariert und sogleich mit dem Wert 10 initialisiert. Hier lernen wir ein neues Schlüsselwort von Java kennen: final.

- Das Schlüsselwort final besagt, dass die Variable MILLISEKUNDEN nach ihrer Initialisierung zur *Konstanten* wird, d.h. es können ihr nach ihrer Initialisierung keine anderen Werte mehr zugewiesen werden.

Um kenntlich zu machen, dass es sich um eine *Konstante* handelt, schreiben wir den Namen dieser Konstante in *Großbuchstaben*. In der Programmzeile 10

```
x1 = 0;
```

31

wird der *lokalen Variablen* x1 der Wert 0 zugewiesen. In Java steht das *Gleichheitszeichen* für eine Zuweisung und muss gelesen werden als: „erhält den Wert von".

- Auf der *linken* Seite des Gleichheitszeichens muss stets eine *Variable* stehen, denn nur einer Variablen können wir einen Wert zuweisen.

- Auf der *rechten* Seite des Gleichheitszeichens hingegen kann ein Wert oder auch ein *Ausdruck* stehen, der selbst wieder Variablen und Werte enthält.

Zuerst wird der Wert des Ausdrucks auf der rechten Seite des Gleichheitszeichens berechnet und dann der Variablen auf der linken Seite des Gleichheitszeichens der berechnete Wert zugewiesen. Dies geschieht zum Beispiel in der Programmzeile 18:

```
x1 = x1 + 20;
```

Die Programmzeilen 10 bis 13 dienen der *Initialisierung* der Variablen x1, y1, x2 und y2. Dies kann man auch sehr gut an den ersten vier Zeilen der Variablentabelle (Tabelle 2.1) ablesen:

1. In der Programmzeile 10 wird die Variable x1 durch die Zuweisung x1 = 0 mit dem Wert 0 initialisiert. Die übrigen Variablen y1, x2 und y2 hingegen sind noch nicht initialisiert, daher ist das Feld in diesen Spalten noch leer.

2. In der Programmzeile 11 wird die Variable y1 durch die Zuweisung y1 = 0 mit dem Wert 0 initialisiert. Die übrigen Variablen x2 und y2 sind noch nicht initialisiert, daher ist das Feld in diesen Spalten noch immer leer.

3. In der Programmzeile 12 wird die Variable x2 durch die Zuweisung x2 = 800 mit dem Wert 800 initialisiert. Die Variable y2 ist die einzig noch verbleibende Variable, die noch nicht initialisiert wurde.

4. In der Programmzeile 13 wird die Variable y2 durch die Zuweisung y2 = 600 mit dem Wert 600 initialisiert. Nun sind alle vier Variablen initialisiert und können in *Ausdrücken* und als *Parameter* in Methodenaufrufen verwendet werden.

Bis zu diesem Zeitpunkt verhält sich das Programm wie gewohnt: Der Methodenrumpf der *main*-Methode wird Zeile für Zeile von oben nach unten abgearbeitet. Doch nun trifft diese *sequentielle* Abarbeitung des Programms auf ein Schlüsselwort von Java, das dem Fluss des Programmablaufs eine neue Struktur gibt: Das Schlüsselwort do.

Das Schlüsselwort do tritt stets in Kombination mit einem anderen Schlüsselwort auf:
Dem Schlüsselwort while.

Die Programmzeilen 14 bis 20 bilden nun eine sogenannte do-while-Schleife:

```
do
{
    screen.drawLine(x1, y1, x2, y2);
    screen.pause(MILLISEKUNDEN);
    x1 = x1 + 20;
    x2 = x2 - 20;
} while (x2 >= 0);
```

Eine do-while-Schleife besteht aus folgenden Teilen:

1. einem *Schleifenkopf* (Programmzeile 14)

2. einem *Schleifenrumpf* (Programmzeilen 15 bis 20), der durch eine sich öffnende und eine sich schließende geschweifte Klammer begrenzt wird und dem eine *Schleifenbedingung* folgt (Programmzeile 20).

Solch eine do-while-Schleife kann wie folgt gelesen werden:

„Der *Schleifenrumpf* wird *mindestens einmal* und dann solange ausgeführt, wie die *Schleifenbedingung* erfüllt ist."

Damit zwingen wir Java in eine Schleife, d.h. der Schleifenrumpf wird Zeile für Zeile von oben nach unten durchlaufen und wenn die Schleifenbedingung erfüllt ist, dann springt die Ausführung wieder in die erste Zeile des Schleifenrumpfes. Dieser Ablauf erfolgt so lange, bis die Schleifenbedingung nicht mehr erfüllt ist.

Mit diesem Wissen um die Wirkung der do-while-Anweisung können wir nun auch die restliche Variablentabelle nachvollziehen:

1. Nach der Initialisierung der Variablen x1, y1, x2 und y2 in den Programmzeilen 10 bis 13 betritt die Programmausführung die do-while-Schleife und führt die erste Programmzeile des Schleifenrumpfes aus (Programmzeile 16).

2. In dieser Programmzeile 16 wird eine Linie vom Startpunkt (x1, y1) bis zum Endpunkt (x2, y2) auf den *EJE GraphicScreen* gezeichnet. Konkret: Es wird eine Linie vom Startpunkt (0, 0) bis zum Endpunkt (800, 600) gezeichnet.

3. In der Programmzeile 17 pausiert das Programm mit der Anweisung

```
screen.pause(MILLISEKUNDEN);
```

eine Zeitspanne von MILLISEKUNDEN Millisekunden, in unserem Fall also von 10 Millisekunden, um dem Benutzer die Zeit zu geben, die Veränderung auf dem *EJE GraphicScreen* auch wahrnehmen zu können. Erst durch diese „Kunstpause" entsteht für den Betrachter der Animationseffekt.

4. In der Programmzeile 18 wird durch die Zuweisung der Wert der Variablen x1 um 20 erhöht, d.h. der Startpunkt der nächsten zu zeichnenden Linie wandert um 20 Pixel nach rechts.

5. In der Programmzeile 19 wird durch eine Zuweisung der Wert der Variablen x2 um 20 reduziert, d.h. der Endpunkt der nächsten zu zeichnenden Linie wandert um 20 Pixel nach links.

6. In der Programmzeile 20 wird nun die Schleifenbedingung (x2 >= 0) überprüft: Zu diesem Zeitpunkt ist die Bedingung erfüllt bzw. *wahr* (engl.: true, ein Schlüsselwort in Java, ebenso wie false), so dass der Schleifenrumpf nochmals durchlaufen wird, d.h. die Ausführung springt wieder in die Programmzeile 16.

7. Da der Start- und Endpunkt sich jedoch durch die zuvor erfolgten Zuweisungen aufeinander zubewegt haben, wird nun in der Programmzeile 16 eine neue Linie gezeichnet, deren Startpunkt weiter rechts als der vorherige Startpunkt und deren Endpunkt weiter links als der vorherige Endpunkt liegen. Konkret: Es wird eine Linie vom Startpunkt (20, 0) bis zum Endpunkt (780, 600) gezeichnet.

8. Die Programmzeile 17 sorgt für eine kurze Kunstpause und dann werden in den Programmzeilen 18 und 19 der Start- und Endpunkt verschoben.

9. Dieser Zyklus endet erst, wenn die Variable x2 einen Wert kleiner 0 angenommen hat, d.h. nach 40 Durchläufen. Dadurch ist sichergestellt, dass das Programm nach dem Zeichnen der 40 Linien auch wirklich terminiert und nicht endlos weiterläuft.

Aus Platzgründen listet die *Variablentabelle* (Tabelle 2.1) nur die ersten drei und die letzten zwei Schleifendurchläufe auf, nicht jedoch alle 40 Schleifendurchläufe.

Experiment P05:

1. Wie verändert sich die Programmausführung für den Beobachter, wenn wir den Wert der Konstanten in der Programmzeile 9

   ```
   final int MILLISEKUNDEN = 10;
   ```

   von 10 auf 20 Millisekunden verdoppeln?

2. Wie verändert sich die Programmausführung für den Beobachter, wenn wir den Wert der Konstanten in der Programmzeile 9

   ```
   final int MILLISEKUNDEN = 10;
   ```

   von 10 auf 5 Millisekunden halbieren?

3. Und wie verändert sich die Programmausführung für den Beobachter, wenn wir die Zeile 17

   ```
   screen.pause(MILLISEKUNDEN);
   ```

   durch das Voranstellen von // auskommentieren?

4. Wie müssen wir das Programm Linienmuster1 verändern, damit der *Startpunkt* der Linien *von rechts nach links* statt von links nach rechts und der *Endpunkt von links nach rechts* statt von rechts nach links wandert? Das resultierende Linien-muster bleibt das *gleiche*, lediglich die Richtung der Animation kehrt sich um.

5. Wie müssen wir das Programm Linienmuster1 verändern, damit der *Startpunkt* der Linien am linken Rand *von oben nach unten* und der *Endpunkt* der Linien am rechten Rand *von unten nach oben* wandert, so dass ein *liegendes* Linienmuster entsteht?

2.3 while-Anweisung

Wir wollen nun nochmals versuchen, das bereits bekannte Linienmuster zu erzeugen, nutzen dieses Mal jedoch statt der do-while-Schleife eine while-Schleife.

Eine while-Schleife besteht aus folgenden Teilen (siehe Programm Linienmuster2):

1. einem *Schleifenkopf* mit der *Schleifenbedingung* (Programmzeile 14)

2. einem *Schleifenrumpf* (Programmzeilen 15 bis 20), der durch eine sich öffnende und eine sich schließende geschweifte Klammer begrenzt wird.

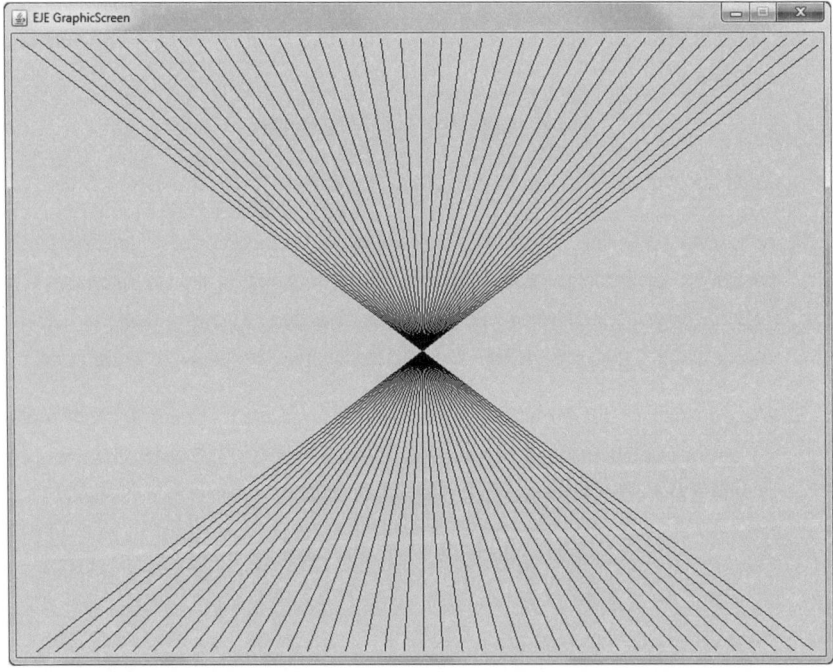

Abb. 2.3: *EJE GraphicScreen* bei der Ausführung des Programms Linienmuster2

2.3.1 P 06 : Linienmuster 2

Wir erstellen das Programm Linienmuster2 mit folgendem Quellcode:

```
 1  import Prog1Tools.GraphicScreen;
 2
 3  public class Linienmuster2
 4  {
 5      public static void main (String[] args)
 6      {
 7          GraphicScreen screen = GraphicScreen.getInstance();
 8          int x1, y1, x2, y2;
 9          final int MILLISEKUNDEN = 10;
10          x1 = 0;
11          y1 = 0;
12          x2 = 800;
13          y2 = 600;
14          while (x2 >= 0)
15          {
16              screen.drawLine(x1, y1, x2, y2);
17              screen.pause(MILLISEKUNDEN);
18              x1 = x1 + 20;
19              x2 = x2 - 20;
20          }
21      }
22  }
```

Die while-Schleife kann wie folgt gelesen werden:

„Solange die *Schleifenbedingung* erfüllt ist, wird der *Schleifenrumpf* ausgeführt."

Was ist nun der Unterschied zwischen einer do-while-Schleife und einer while-Schleife?

■ Eine do-while-Schleife wird garantiert *mindestens einmal* durchlaufen, da eine Überprüfung der *Schleifenbedingung* erst *nach* dem erstmaligen Durchlaufen des *Schleifenrumpfes* erfolgt.

■ Eine while-Schleife hingegen kann dies *nicht* garantieren, da die Überprüfung der *Schleifenbedingung* bereits *vor* dem erstmaligen Durchlaufen des *Schleifenrumpfes* erfolgt.

Es kann also passieren, dass der *Schleifenrumpf* der while-Schleife kein einziges Mal durchlaufen wird, d.h. der *Schleifenrumpf* wird von der Programmausführung *übersprungen* und das Programm wird mit der ersten Anweisung nach dem *Schleifenrumpf* fortgesetzt.

Prog.zeile	Java-Code	x1	y1	x2	y2	x2 >= 0
10	x1 = 0	0				
11	y1 = 0	0	0			
12	x2 = 800	0	0	800		
13	y2 = 600	0	0	800	600	
14	while (x2 >= 0)					true
16	screen.drawLine(x1, y1, x2, y2)	0	0	800	600	
18	x1 = x1 + 20	20	0	800	600	
19	x2 = x2 - 20	20	0	780	600	
14	while (x2 >= 0)					true
16	screen.drawLine(x1, y1, x2, y2)	20	0	780	600	
18	x1 = x1 + 20	40	0	780	600	
19	x2 = x2 - 20	40	0	760	600	
14	while (x2 >= 0)					true
16	screen.drawLine(x1, y1, x2, y2)	40	0	760	600	
18	x1 = x1 + 20	60	0	760	600	
19	x2 = x2 - 20	60	0	740	600	
14	while (x2 >= 0)					true
..	..	..	..	..	..	..
14	while (x2 >= 0)					true
16	screen.drawLine(x1, y1, x2, y2)	780	0	20	600	
18	x1 = x1 + 20	800	0	20	600	
19	x2 = x2 - 20	800	0	0	600	
14	while (x2 >= 0)					true
16	screen.drawLine(x1, y1, x2, y2)	800	0	0	600	
18	x1 = x1 + 20	820	0	0	600	
19	x2 = x2 - 20	820	0	-20	600	
14	while (x2 >= 0)					false

Tab. 2.2: Variablentabelle des Programms Linienmuster2

Die *Variablentabelle* (Tabelle 2.2) zeigt uns Schritt für Schritt, wie mit Hilfe der while-Schleife die wandernden Start- und Endpunkte der Linien berechnet werden. Wie schon bei der Variablentabelle für die do-while-Schleife (Tabelle 2.1) werden auch in dieser Variablentabelle nur die ersten drei und die letzten zwei Schleifendurchläufe dokumentiert, so dass das Terminieren der Schleife nach 40 Durchläufen nachvollziehbar wird.

Experiment P06:

1. Wie verändert sich die Programmausführung für den Beobachter, wenn wir den Wert der Konstanten in der Programmzeile 9

   ```
   final int MILLISEKUNDEN = 10;
   ```

   von 10 auf 20 Millisekunden verdoppeln?

2. Wie verändert sich die Programmausführung für den Beobachter, wenn wir den Wert der Konstanten in der Programmzeile 9

   ```
   final int MILLISEKUNDEN = 10;
   ```

   von 10 auf 5 Millisekunden halbieren?

3. Und wie verändert sich die Programmausführung für den Beobachter, wenn wir die Zeile 17

   ```
   screen.pause(MILLISEKUNDEN);
   ```

   durch das Voranstellen von // auskommentieren?

4. Wie müssen wir das Programm Linienmuster2 verändern, damit der *Startpunkt* der Linien von rechts nach links statt von links nach rechts und der *Endpunkt* von links nach rechts statt von rechts nach links wandert? Das resultierende Linienmuster bleibt das *gleiche*, lediglich die Richtung der Animation kehrt sich um.

5. Wie müssen wir das Programm Linienmuster2 verändern, damit der *Startpunkt* der Linien am linken Rand *von oben nach unten* und der *Endpunkt* der Linien am rechten Rand *von unten nach oben* läuft, so dass ein *liegendes* Linienmuster entsteht?

2.4 for-Anweisung

Wir wollen nun ein drittes Mal versuchen, das gleiche Linienmuster zu erzeugen, nutzen dieses Mal jedoch statt der while- eine for-Schleife.

Eine for-Schleife besteht aus folgenden Teilen (siehe Programm Linienmuster3):

1. einem *Schleifenkopf*, der in runden Klammern, durch Strichpunkte voneinander getrennt, eine *Schleifeninitialisierung*, eine *Schleifenbedingung* und eine *Schleifen-Updateliste* (Programmzeile 12) enthält.

2. einem *Schleifenrumpf* (Programmzeilen 13 bis 16), der durch eine sich öffnende und eine sich schließende geschweifte Klammer begrenzt wird.

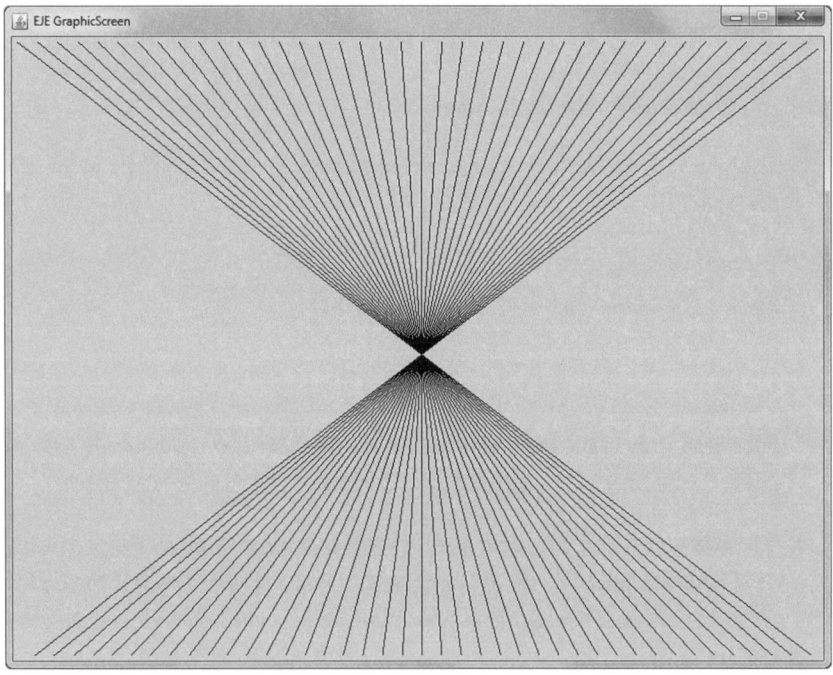

Abb. 2.4: *EJE GraphicScreen* bei der Ausführung des Programms Linienmuster3

2.4.1 P 07 : Linienmuster 3

Wir erstellen das Programm Linienmuster3 mit folgendem Quellcode:

```
 1  import Prog1Tools.GraphicScreen;
 2
 3  public class Linienmuster3
 4  {
 5      public static void main (String[] args)
 6      {
 7          GraphicScreen screen = GraphicScreen.getInstance();
 8          int x1, y1, x2, y2;
 9          final int MILLISEKUNDEN = 10;
10          y1 = 0;
11          y2 = 600;
12          for (x1=0, x2=800; x2 >= 0; x1=x1 + 20, x2=x2 - 20)
13          {
14              screen.drawLine(x1, y1, x2, y2);
15              screen.pause(MILLISEKUNDEN);
16          }
17      }
18  }
```

Die for-Schleife kann wie folgt gelesen werden:

„Nach der einmalig zu Beginn durchgeführten *Schleifeninitialisierung* wird die *Schleifenbedingung* überprüft. Ist die *Schleifenbedingung* erfüllt, dann wird der *Schleifenrumpf* und die *Schleifen-Updateliste* so lange nacheinander durchlaufen, wie die *Schleifenbedingung* erfüllt ist."

Dieses Konstrukt gibt der for-Schleife eine Ausdrucksstärke, die dazu führt, dass das Programm Linienmuster3 von allen drei bislang erstellten Programmen zum Zeichnen des Linienmusters das kürzeste ist. Das ist einer der Gründe, warum die for-Schleife sehr häufig bei der Programmierung zur Anwendung kommt.

Die *Variablentabelle* (Tabelle 2.3) zeigt uns Schritt für Schritt, wie mit Hilfe der for-Schleife die wandernden Start- und Endpunkte der Linien berechnet werden. Wie schon bei der Variablentabelle für die while-Schleife (Tabelle 2.2) werden auch in dieser Variablentabelle nur die ersten fünf und die letzten drei Schleifendurchläufe dokumentiert, so dass das Terminieren der Schleife nach 40 Durchläufen nachvollziehbar wird.

Prog.zeile	Java-Code	x1	y1	x2	y2	x2 >= 0
10	y1 = 0		0			
11	y2 = 600		0		600	
12	for (x1 = 0, x2 = 800 .. ..)	0	0	800	600	
12	for (.. x2 >= 0 ..)					true
14	screen.drawLine(x1, y1, x2, y2)	0	0	800	600	
12	for (.. .. x1 = x1 + 20, x2 = x2 - 20)	20	0	780	600	
12	for (.. x2 >= 0 ..)					true
14	screen.drawLine(x1, y1, x2, y2)	20	0	780	600	
12	for (.. .. x1 = x1 + 20, x2 = x2 - 20)	40	0	760	600	
12	for (.. x2 >= 0 ..)					true
14	screen.drawLine(x1, y1, x2, y2)	40	0	760	600	
12	for (.. .. x1 = x1 + 20, x2 = x2 - 20)	60	0	740	600	
12	for (.. x2 >= 0 ..)					true
14	screen.drawLine(x1, y1, x2, y2)	60	0	740	600	
12	for (.. .. x1 = x1 + 20, x2 = x2 - 20)	80	0	720	600	
12	for (.. x2 >= 0 ..)					true
14	screen.drawLine(x1, y1, x2, y2)	80	0	720	600	
12	for (.. .. x1 = x1 + 20, x2 = x2 - 20)	100	0	700	600	
12	for (.. x2 >= 0 ..)					true
..	..	..	..	..	..	..
12	for (.. x2 >= 0 ..)					true
14	screen.drawLine(x1, y1, x2, y2)	760	0	40	600	
12	for (.. .. x1 = x1 + 20, x2 = x2 - 20)	780	0	20	600	
12	for (.. x2 >= 0 ..)					true
14	screen.drawLine(x1, y1, x2, y2)	780	0	20	600	
12	for (.. .. x1 = x1 + 20, x2 = x2 - 20)	800	0	0	600	
12	for (.. x2 >= 0 ..)					true
14	screen.drawLine(x1, y1, x2, y2)	800	0	0	600	
12	for (.. .. x1 = x1 + 20, x2 = x2 - 20)	820	0	-20	600	
12	for (.. x2 >= 0 ..)					false

Tab. 2.3: Variablentabelle des Programms Linienmuster3

Zudem ist in der Variablentabelle (Tabelle 2.3) sehr gut

- das einmalige, initiale Durchlaufen der *Schleifeninitialisierung*

    ```
    for (x1 = 0, x2 = 800 .. .. )
    ```

- das *(n + 1)*-malige Durchlaufen der *Schleifenbedingung*

    ```
    for ( .. x2 >= 0 .. )
    ```

- das *n*-malige Durchlaufen des *Schleifenrumpfes*, der stets von einem Durchlaufen der *Schleifenupdateliste*

    ```
    for ( .. .. x1 = x1 + 20, x2 = x2 - 20)
    ```

    gefolgt wird

nachvollziehbar.

Experiment P07:

1. Wie verändert sich die Programmausführung für den Beobachter, wenn wir den Wert der Konstanten in der Programmzeile 9

    ```
    final int MILLISEKUNDEN = 10;
    ```

    von 10 auf 20 Millisekunden verdoppeln bzw. von 10 auf 5 Millisekunden halbieren?

2. Und wie verändert sich die Programmausführung für den Beobachter, wenn wir die Zeile 15

    ```
    screen.pause(MILLISEKUNDEN);
    ```

    durch das Voranstellen von // auskommentieren?

3. Wie müssen wir das Programm Linienmuster3 verändern, damit der *Startpunkt* der Linien *von rechts nach links* statt von links nach rechts und der *Endpunkt von links nach rechts* statt von rechts nach links wandert? Das resultierende Linienmuster bleibt das *gleiche*, lediglich die Richtung der Animation kehrt sich um.

4. Wie müssen wir das Programm Linienmuster3 verändern, damit der *Startpunkt* der Linien am linken Rand *von oben nach unten* und der *Endpunkt* der Linien am rechten Rand *von unten nach oben* läuft, so dass ein *liegendes* Linienmuster entsteht?

43

Wir haben nun drei Arten von Schleifenanweisungen kennengelernt – wann sollte man welche idealerweise verwenden?

- `for`-Schleife

  Ziel: Wir wollen eine Schleife genau n Mal durchlaufen, wobei die Zahl n im Voraus feststeht.

  Beispiel: Zeichnen von genau 40 Linien auf den *EJE GraphicScreen*.

- `do-while`-Schleife

  Ziel: Wir wollen mindestens einmal den Schleifenrumpf durchlaufen, danach müssen wir erst die Schleifenbedingung überprüfen, um zu entscheiden, wie es weitergehen soll.

  Beispiel: Das Programm muss auf eine Eingabe des Benutzers warten.

- `while`-Schleife

  Ziel: Solange die Schleifenbedingung erfüllt ist, soll der Schleifenrumpf durchlaufen werden.

  Beispiel: Das Programm versucht, alle Zeilen einer CSV-Datei (CSV = Comma Separated Values) einzulesen, wobei die Anzahl Zeilen in der CSV-Datei vorab nicht bekannt ist, d.h. die CSV-Datei kann auch leer sein.

In den folgenden Kapiteln werden wir nun anhand neuer Linienmuster den Umgang mit der `for`-Schleife üben und vertiefen.

2.4.2 P 08 : Linienmuster 4

Wie sieht das Programm aus, das das folgende Linienmuster erzeugt?

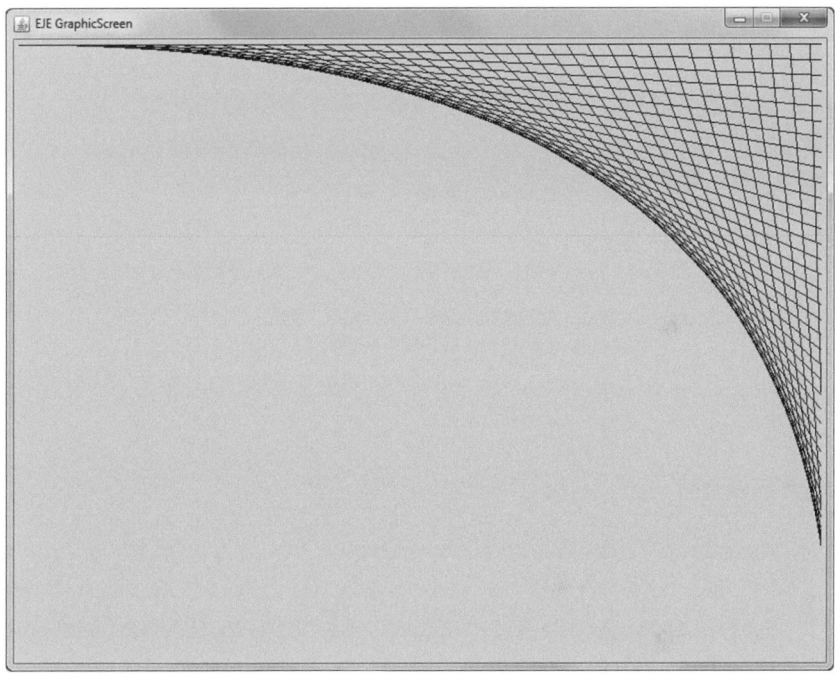

Abb. 2.5: *EJE GraphicScreen* bei der Ausführung des Programms Linienmuster4

Der Unterschied zum bisherigen Linienmuster ist schnell erkannt:

- Der *Startpunkt* der 40 Linien läuft noch immer von der linken oberen Ecke aus von links nach rechts am oberen Rand des *EJE GraphicScreens* entlang.

- Der *Endpunkt* der 40 Linien läuft nun jedoch von der rechten oberen Ecke aus von oben nach unten am rechten Rand des *EJE GraphicScreens* entlang.

Dieser neue Ablauf lässt sich sehr gut mit Hilfe einer for-Schleife formulieren. Versuchen wir es!

Das Programm `Linienmuster4` erstellt das gesuchte Linienmuster. Um diese Behauptung zu überprüfen, übertragen wir den Quellcode in den *EJE*, übersetzen das Programm und führen es aus.

```java
import Prog1Tools.GraphicScreen;

public class Linienmuster4
{
    public static void main (String[] args)
    {
        GraphicScreen screen = GraphicScreen.getInstance();
        int x1, y1, x2, y2;
        final int MILLISEKUNDEN = 10;
        y1 = 0;
        x2 = 800;
        for(x1=0, y2=0; x1<=800; x1=x1 + 20, y2=y2 + 15)
        {
            screen.drawLine(x1, y1, x2, y2);
            screen.pause(MILLISEKUNDEN);
        }
    }
}
```

Experiment P08:

1. Wie müssen wir das Programm `Linienmuster4` verändern, damit der *Startpunkt* der Linien *von rechts nach links* statt von links nach rechts und der *Endpunkt von unten nach oben* statt von oben nach unten wandert? Das resultierende Linienmuster bleibt das *gleiche*, lediglich die Richtung der Animation kehrt sich um.

2. Wie müssen wir das Programm `Linienmuster4` verändern, damit der *Startpunkt* der Linien am linken Rand *von oben nach unten* und der *Endpunkt* der Linien am unteren Rand *von links nach rechts* läuft, so dass ein *gespiegeltes* Linienmuster entsteht?

2.4.3 P 09 : Linienmuster 5

Wie sieht das Programm aus, das das folgende Linienmuster erzeugt?

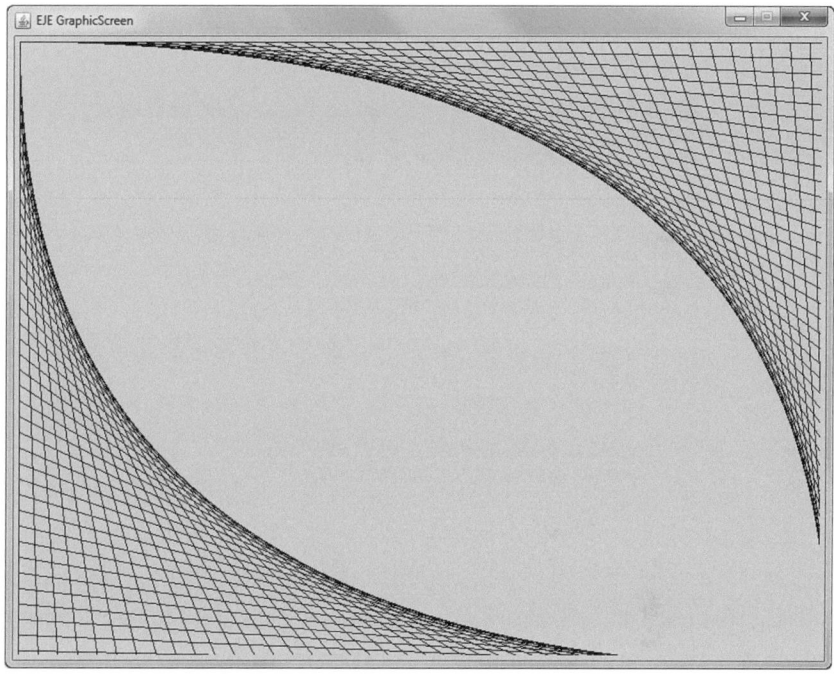

Abb. 2.6: *EJE GraphicScreen* bei der Ausführung des Programms Linienmuster5

Der Unterschied zum vorherigen Linienmuster ist gut zu erkennen:

■ Das neue Linienmuster setzt sich aus zwei bekannten Linienmustern zusammen, die nacheinander gezeichnet werden können.

Dieser erweiterte Ablauf lässt sich sehr gut mit Hilfe von zwei aufeinander folgenden for-Schleifen formulieren. Versuchen wir es!

Das Programm Linienmuster5 zeichnet das neue Linienmuster. Um diese Behauptung zu überprüfen, übertragen wir den Quellcode in den *EJE*, übersetzen das Programm und führen es aus.

```
1   import Prog1Tools.GraphicScreen;
2
3   public class Linienmuster5
4   {
5       public static void main (String[] args)
6       {
7           GraphicScreen screen = GraphicScreen.getInstance();
8           int x1, y1, x2, y2;
9           final int MILLISEKUNDEN = 10;
10          y1 = 0;
11          x2 = 800;
12          for (x1=0, y2=0; x1<=800; x1= x1 + 20, y2= y2 + 15)
13          {
14              screen.drawLine(x1, y1, x2, y2);
15              screen.pause(MILLISEKUNDEN);
16          }
17          y1 = 600;
18          x2 = 0;
19          for (x1=800, y2=600; x1>=0; x1= x1 - 20, y2= y2 - 15)
20          {
21              screen.drawLine(x1, y1, x2, y2);
22              screen.pause(MILLISEKUNDEN);
23          }
24      }
25  }
```

Sehr gut lassen sich die beiden aneinandergereihten for-Schleifen erkennen, die dafür sorgen, dass zuerst das obere Linienmuster (Programmzeilen 10 bis 16) und danach das untere Linienmuster (Programmzeilen 17 bis 23) gezeichnet wird.

Experiment P09:

1. Wie müssen wir das Programm Linienmuster5 verändern, damit der *Startpunkt* und der *Endpunkt* in umgekehrter Richtung wandern? Das resultierende Linienmuster bleibt das *gleiche*, lediglich die Richtung der Animation kehrt sich um.

2. Wie müssen wir das Programm Linienmuster5 verändern, damit zuerst das untere und dann erst das obere Linienmuster erstellt wird?

2.4.4 P 10 : Linienmuster 6

Wie sieht das Programm aus, das das folgende Linienmuster erzeugt?

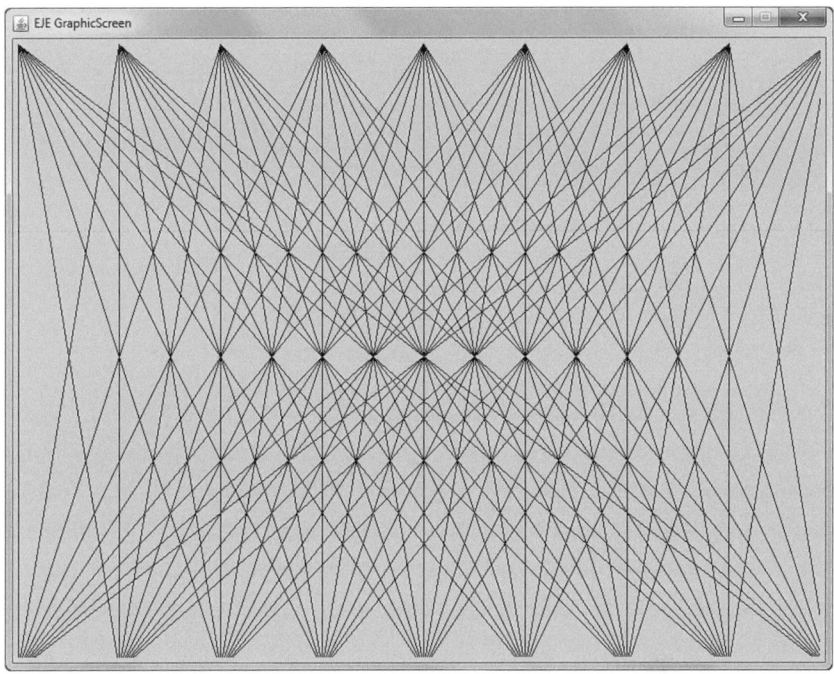

Abb. 2.7: *EJE GraphicScreen* bei der Ausführung des Programms Linienmuster6

Der Aufbau dieses Linienmuster ist bei näherer Betrachtung auch gut zu erkennen:

■ Der *Startpunkt* der Linien wandert am oberen Rand des *EJE GraphicScreens* entlang über 9 Stationen von links nach rechts.

■ An jeder dieser Stationen werden vom Startpunkt aus 9 Linien gezeichnet, wobei der Endpunkt dieser Linien am unteren Rand des *EJE GraphicScreens* über 9 Stationen von rechts nach links wandert.

```
 1  import Prog1Tools.GraphicScreen;
 2
 3  public class Linienmuster6
 4  {
 5      public static void main (String[] args)
 6      {
 7          GraphicScreen screen = GraphicScreen.getInstance();
 8          int x1, y1, x2, y2;
 9          final int MILLISEKUNDEN = 10;
10          y1 = 0;
11          y2 = 600;
12          for (x1 = 0; x1 <= 800; x1 = x1 + 100)
13          {
14              for (x2 = 800; x2 >= 0; x2 = x2 - 100)
15              {
16                  screen.drawLine(x1, y1, x2, y2);
17                  screen.pause(MILLISEKUNDEN);
18              }
19          }
20      }
21  }
```

Das hört sich sehr aufwändig und kompliziert an! Ist es aber nicht. Ganz im Gegenteil: Die Lösung ist erstaunlich einfach! Der Schlüssel zur Lösung liegt in dem Hinweis verborgen, dass Schleifen ineinander geschachtelt werden können, d.h. eine Schleife kann in ihrem Schleifenrumpf wiederum eine andere Schleife enthalten. Das Programm Linienmuster6 zeichnet das neue Linienmuster, indem es zwei for-Schleifen ineinander schachtelt. Die *äußere* for-Schleife (Programmzeilen 12 bis 19) verschiebt den Startpunkt über 9 Stationen von links nach rechts, während die *innere* for-Schleife (Programmzeilen 14 bis 18) den Endpunkt für jede Station des Startpunkts über 9 Stationen von rechts nach links wandern lässt. Um diese Behauptung zu überprüfen, übertragen wir den Quellcode in den *EJE*, übersetzen das Programm und führen es aus.

Experiment P10:

1. Wie müssen wir das Programm Linienmuster6 verändern, damit der *Startpunkt* und der *Endpunkt* in umgekehrter Richtung wandern? Das resultierende Linienmuster bleibt das *gleiche*, lediglich die Richtung der Animation kehrt sich um.

2. Versuchen Sie, die *Variablentabelle* für die ersten zwei Iterationen der äußeren for-Schleife zu erstellen! Das wird Ihnen helfen zu verstehen, wie das Ineinanderschachteln von Schleifen wirkt!

2.5 if-Anweisung

Wir haben nun schon mehrmals *Schleifenbedingungen* benutzt, um den Programmfluss zu steuern. Kann man in Java solche *Bedingungen* auch ohne eine Schleife verwenden? Kann man beispielsweise formulieren: *Wenn die Bedingung erfüllt ist, dann führe die eine Anweisungsfolge aus, sonst die andere!* Im Englischen würde man solch eine Formulierung mit Hilfe der Vokabeln if, then und else formulieren. Gibt es vergleichbare Schlüsselwörter in Java?

2.5.1 P 11 : Linienmuster 7

Um die Frage nach dem Schlüsselwort if in Java zu beantworten, wollen wir versuchen, das folgende Spiralmuster auf dem *EJE GraphicScreen* zu erzeugen.

Abb. 2.8: *EJE GraphicScreen* bei der Ausführung des Programms Linienmuster7

```
 1  import Prog1Tools.GraphicScreen;
 2
 3  public class Linienmuster7
 4  {
 5      public static void main (String[] args)
 6      {
 7          GraphicScreen screen = GraphicScreen.getInstance();
 8          int x1, y1, x2, y2, xDistanz, yDistanz, distanz, zaehler;
 9          final int MILLISEKUNDEN = 10;
10          zaehler = 1;
11          distanz = 15;
12          xDistanz = 0;
13          yDistanz = distanz;
14          x1 = 400;
15          y1 = 300 - distanz;
16          x2 = x1;
17          y2 = y1;
18          while (x2 > 0 && x2 < 800 && y2 > 0 && y2 < 600)
19          {
20              x1 = x2;
21              y1 = y2;
22              if (zaehler == 1)
23              {
24                  xDistanz = distanz;
25                  yDistanz = 0;
26              }
27              else if (zaehler == 2)
28              {
29                  xDistanz = 0;
30                  distanz = distanz + 15;
31                  yDistanz = distanz;
32              }
33              else if (zaehler == 3)
34              {
35                  xDistanz = -distanz;
36                  yDistanz = 0;
37              }
38              else if (zaehler == 4)
39              {
40                  xDistanz = 0;
41                  distanz = distanz + 15;
42                  yDistanz = -distanz;
43                  zaehler = 0;
44              }
45              x2 = x2 + xDistanz;
46              y2 = y2 + yDistanz;
47              screen.drawLine(x1, y1, x2, y2);
48              screen.pause(MILLISEKUNDEN);
49              zaehler = zaehler + 1;
50          }
51      }
52  }
```

Wenn wir das Programm `Linienmuster7` Zeile für Zeile lesen, dann sticht uns zuerst die Programmzeile 18 ins Auge:

```
while (x2 > 0 && x2 < 800 && y2 > 0 && y2 < 600)
```

Es handelt sich offensichtlich um den *Schleifenkopf* einer `while`-Schleife. Neu ist allerdings, dass die *Schleifenbedingung* die Zeichen `&&` enthält. Es handelt sich dabei um einen sogenannten *logischen Operator* von Java, den *und-Operator*. Damit liest sich die Programmzeile 18 wie folgt:

„Solange der Wert der Variablen x2 größer 0 ist *und* der Wert der Variablen x2 kleiner 800 ist *und* der Wert der Variablen y2 größer 0 ist *und* der Wert der Variablen y2 kleiner 600 ist, dann ... "

Wenn nur eine der vier *Teilbedingungen nicht* erfüllt ist, dann ist die gesamte *Schleifenbedingung nicht* erfüllt – das genau ist die Wirkung der Verkettung der Teilbedingungen durch den `&&`-Operator.

Im Schleifenrumpf der `while`-Schleife finden wir in Programmzeile 22 gleich zwei Neuerungen:

```
if (zaehler == 1)
```

Zum einen wird hier der sogenannte *Gleichheits-Operator* `==` eingeführt, der überprüft, ob der Wert auf der linken Seite von `==` gleich dem Wert auf der rechten Seite ist. Zum anderen wird die so formulierte Bedingung

„zaehler *ist gleich* 1"

als Bedingung einer `if`-Anweisung verwendet, so dass die Programmzeile 22 wie folgt gelesen werden kann:

„*Wenn* zaehler *gleich* 1 *ist, dann* ... "

Dann?

Ja, genau: Was dann?

Eine if-else-Anweisung setzt sich aus folgenden Teilen zusammen:

■ der if-*Bedingung* (Programmzeile 22), die durch das Schlüsselwort if eingeleitet wird,

■ dem if-*Rumpf* (Programmzeilen 23 bis 26), der durchlaufen wird, wenn die if-*Bedingung* erfüllt ist,

■ dem Schlüsselwort else (Programmzeile 27),

■ dem else-*Rumpf* (Programmzeilen 28 bis 32), der – wie hier im Programmbeispiel zu sehen – selbst wiederum eine if-else-Anweisung sein kann.

Die if-else-Anweisung kann damit wie folgt gelesen werden:

„*Wenn* die if-*Bedingung* erfüllt ist, *dann* führe den if-*Rumpf* aus, *sonst* führe den else-*Rumpf* aus.“

Java kennt also die Schlüsselwörter if und else, das Schlüsselwort then hingegen wird *nicht* benötigt und gibt es daher auch nicht in Java.

Das Programm Linienmuster7 nutzt gezielt diese if-else-Anweisungen, um das Spiralmuster auf dem *EJE GraphicScreen* zu erzeugen.

Experiment P11:

1. Lassen Sie das Programm Linienmuster7 das Spiralmuster in Zeitlupe aufbauen, indem Sie in Programmzeile 9

   ```
   final int MILLISEKUNDEN = 10;
   ```

   der lokalen Konstante MILLISEKUNDEN einen deutlich höheren Wert (z.B. 250) zuweisen. Versuchen Sie, anhand dieser Zeitlupen-Animation sich selbst den Programmablauf anhand des Quellcodes zu erklären!

2. Versuchen Sie, die *Variablentabelle* für die ersten zwei Iterationen der while-Schleife zu erstellen! Das wird Ihnen helfen zu verstehen, wie die if-else-Anweisungen wirken!

3 Datentypen

In diesem Kapitel vertiefen wir das Thema *Datentypen*[1]. Während wir bislang meist Variablen vom Datentyp int und damit *ganzzahlige* Werte genutzt haben, werden wir ab diesem Kapitel nun ganz bewusst auch mit *Fließkommazahlen, logischen Werten, Zeichen* und *Zeichenketten* arbeiten. Zudem lernen wir einfache *Datenstrukturen*, wie sie Java von Haus aus bietet, in Form von *Feldern* kennen.

3.1 Der Datentyp int

Wenden wir uns zuerst dem bereits vertrauten Datentyp int zu. Wir werden im Folgenden jeden Datentyp anhand seines „Steckbriefs" einführen. Der Steckbrief für den Datentyp int sieht wie folgt aus:

- *Eignung:* Darstellung ganzzahliger Werte

- *Beispiele:* 0   12   -23

- *maximaler Wert:* 2147483647

- *minimaler Wert:* -2147483648

Dieser Steckbrief liest sich wie folgt:

- Der Datentyp int eignet sich zur Deklaration von Variablen und Konstanten, die als Platzhalter für ganzzahlige Werte dienen sollen.

- Eine Variable oder Konstante vom Typ int kann z.B. den Wert 0, 12 oder -23 annehmen.

- Eine Variable von Typ int, die z.B. als Zähler genutzt wird, kann maximal bis zum Wert 2147483647 zählen. Wird sie dann nochmals um 1 erhöht, kippt sie um und nimmt den minimalen Wert -2147483648 an (und vice versa).

---

[1] Als Synonym zum Begriff *Datentyp* wird in diesem Buch auch die Kurzform *Typ* verwendet.

Operator	Name	Beispiel	Ergebnis
+	Addition	`x = 1 + 2;`	*x hat den Wert 3*
-	Subtraktion	`x = 3 - 1;`	*x hat den Wert 2*
*	Multiplikation	`x = 2 * 3;`	*x hat den Wert 6*
/	ganzzahlige Division	`x = 6 / 4;`	*x hat den Wert 1*
%	Modulo	`rest = 6 % 4;`	*rest hat den Wert 2*

Tab. 3.1: Arithmetische Operatoren für Ganzzahlen in Java

Operator	Name	Beispiel	Bedeutung
==	gleich	`if (x == 0)`	*Wenn x gleich 0 ist, ...*
!=	ungleich	`if (x != 0)`	*Wenn x ungleich 0 ist, ...*
<	kleiner als	`if (x < 0)`	*Wenn x kleiner 0 ist, ...*
>	größer als	`if (x > 0)`	*Wenn x größer 0 ist, ...*
<=	kleiner gleich	`if (x <= 0)`	*Wenn x kleiner oder gleich 0 ist, ...*
>=	größer gleich	`if (x >= 0)`	*Wenn x größer oder gleich 0 ist, ...*

Tab. 3.2: Vergleichs-Operatoren für Ganzzahlen in Java

■ Die arithmetischen Operatoren für ganzzahlige Werte in Java sind in Tabelle 3.1 aufgelistet.

■ Die Vergleichs-Operatoren für ganzzahlige Werte in Java sind in Tabelle 3.2 aufgelistet.

Mit Hilfe der *arithmetischen Operatoren* können wir mit Ganzzahlen bzw. mit Variablen, die eine Ganzzahl als Inhalt haben, rechnen: *Addieren, Subtrahieren, Multiplizieren, ganzzahlig Dividieren* und sogar den *Rest der ganzzahligen Division* ermitteln.

Die *Vergleichs-Operatoren* hingegen spielen eine wichtige Rolle bei den *Bedingungen*, wie wir sie in Form der Schleifenbedingungen und Wenn-Dann-Bedingungen kennengelernt haben. Wir können ermitteln, ob eine Ganzzahl bzw. eine Variable, die eine Ganzzahl als Inhalt hat, *gleich* oder *ungleich, kleiner* oder *größer, kleiner gleich* oder *größer gleich* als eine andere Ganzzahl bzw. Variable, die eine Ganzzahl als Inhalt hat, ist.

In den nun folgenden Beispielen werden wir diese Operatoren intensiv nutzen.

3.1.1 P 12 : Linienmuster 8

Wie zeichnet man eigentlich eine Treppe auf den *EJE GraphicScreen*?

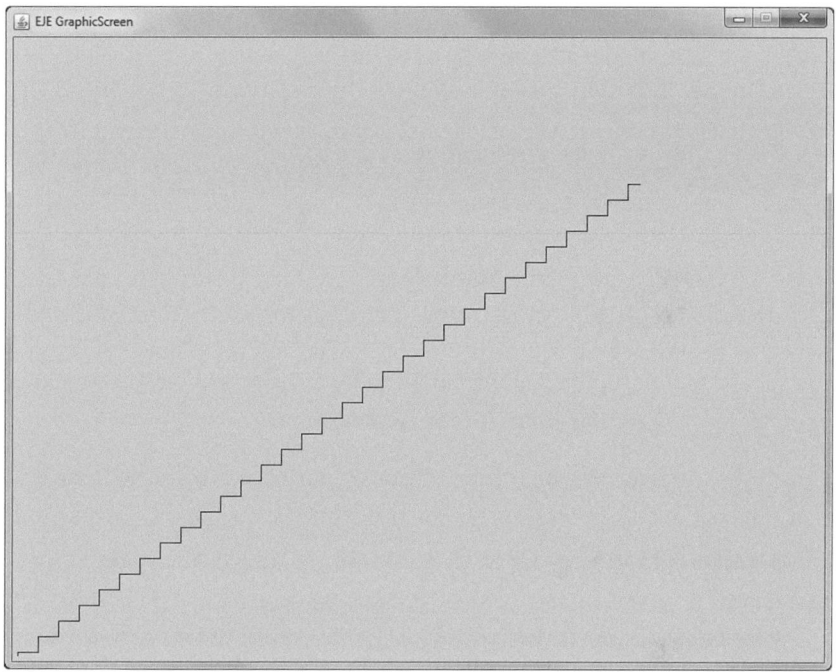

Abb. 3.1: *EJE GraphicScreen* bei der Ausführung des Programms Linienmuster8

Das Programm Linienmuster8, das dieses Treppenmuster erzeugt, weist lediglich eine einzige Neuerung auf: In Programmzeile 15

```
if (x % xDistanz == 0)
```

taucht der in Tabelle 3.1 neu eingeführte arithmetische Operator % auf – der *modulo*-Operator – der den Rest der ganzzahligen Division von x durch xDistanz liefert.

Die for-Schleife von Programmzeile 13 bis 25 lässt die Variable x von 0 bis 800 laufen.

```
 1  import Prog1Tools.GraphicScreen;
 2
 3  public class Linienmuster8
 4  {
 5      public static void main (String[] args)
 6      {
 7          GraphicScreen screen = GraphicScreen.getInstance();
 8          int x, y, xDistanz, yDistanz;
 9          final int MILLISEKUNDEN = 10;
10          y = 600;
11          xDistanz = 20;
12          yDistanz = 15;
13          for (x = 0; x <= 800; x = x + 1)
14          {
15              if (x % xDistanz == 0)
16              {
17                  screen.drawLine(x, y, x, y - yDistanz);
18                  y = y - yDistanz;
19              }
20              else
21              {
22                  screen.drawLine(x, y, x + 1, y);
23              }
24              screen.pause(MILLISEKUNDEN);
25          }
26      }
27  }
```

Im Schleifenrumpf kommt es nun zu einer Fallunterscheidung in Form einer if-else-Anweisung:

„Wenn die ganzzahlige Division von x durch xDistanz den Wert 0 liefert, d.h. wenn x ein ganzzahliges Vielfaches von xDistanz ist, dann wird eine senkrechte Linie der Länge xDistanz von der aktuellen Position (x, y) nach oben gezeichnet und y auf dieses neue Stufenniveau reduziert. Wenn die ganzzahlige Division von x durch xDistanz einen Wert ungleich 0 liefert, dann wird lediglich die waagrechte Linie um ein Pixel fortgeschrieben."

Mit diesem „Treppen-Algorithmus" entsteht die Kontur einer Treppe auf dem *EJE GraphicScreen*.

Hinweis: Ein *Algorithmus* ist eine Berechnungs- oder Lösungsvorschrift. Beim Erstellen eigener Programme müssen wir uns zuerst den Algorithmus und damit das Lösungsverfahren klar machen, dem das Programm folgen soll. Oftmals hilft es, ein oder mehrere Beispiele auf Papier durchzuspielen, um sich selbst den Algorithmus vollständig klar zu machen und erst dann an die Umsetzung des Algorithmus in Form eines Programms zu gehen.

Experiment P12:

1. Lassen Sie das Programm `Linienmuster8` das Treppenmuster in Zeitlupe aufbauen, indem Sie in Programmzeile 9

   ```
   final int MILLISEKUNDEN = 10;
   ```

   der lokalen Konstante `MILLISEKUNDEN` einen deutlich höheren Wert (z.b. 50) zuweisen. Versuchen Sie, anhand dieser Zeitlupen-Animation sich selbst den Programmablauf anhand des Quellcodes zu erklären!

2. Versuchen Sie, die *Variablentabelle* für die ersten 30 Iterationen der `for`-Schleife zu erstellen! Das wird Ihnen helfen zu verstehen, wie der *modulo*-Operator in Kombination mit der `if-else`-Anweisung wirkt!

3. Schreiben Sie ein kleines Demonstrationsprogramm, mit dem Sie überprüfen können, ob eine `int`-Variable wirklich umkippt, wenn Sie einen zu kleinen oder zu großen Wert annimmt.

Hinweis: Eine mögliche Lösung für das Demonstrationsprogramm im Bereich des maximalen Wertes für `int`-Variablen könnte zum Beispiel wie folgt aussehen:

```
1  public class EXP12_3
2  {
3      public static void main (String[] args)
4      {
5          int max = 2147483647;
6          System.out.println("max = " + max);
7          max = max + 1;
8          System.out.println("max = " + max);
9          max = max - 1;
10         System.out.println("max = " + max);
11     }
12 }
```

3.1.2 P 13 : Quersumme

Wir möchten nun ein Programm schreiben, das vom Benutzer die Eingabe einer Ganzzahl einfordert und dann die Quersumme aus der eingegebenen Zahl berechnet.

Sowohl der *EJE TextScreen* als auch der *EJE GraphicScreen* bieten solche Eingabeaufforderungen in Form von Dialogfenstern an (siehe Abbildung 3.2). Die berechnete

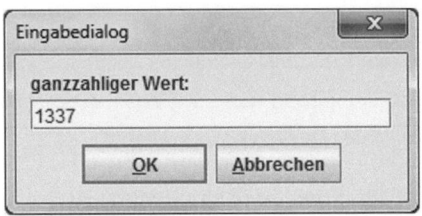

Abb. 3.2: Eingabeaufforderung für eine Ganzzahl des *EJE GraphicScreens*

Quersumme soll auf dem *EJE GraphicScreen* ausgegeben werden. Zudem soll das EJE GaphicScreen Fenster in der Titelleiste den Titel Quersumme anzeigen.

```
 1  import Prog1Tools.GraphicScreen;
 2
 3  public class Quersumme
 4  {
 5      public static void main (String[] args)
 6      {
 7          GraphicScreen screen = GraphicScreen.getInstance();
 8          int z, r, s;
 9
10          screen.setTitle("Quersumme");
11          z = screen.readInt("Eingabedialog",
12                                      "ganzzahliger Wert: ");
13          r = z;
14          s = 0;
15          while (r > 0)
16          {
17              s = s + r % 10;
18              r = r / 10;
19          }
20          screen.drawText(50, 50, "Quersumme von " +
21                                      z + " = " + s);
22      }
23  }
```

Das Programm `Quersumme` setzt alle diese Anforderungen um:

■ Das Setzen des Titels auf den Namen `"Quersumme"` erfolgt in Zeile 10:

```
screen.setTitle("Quersumme");
```

■ Das Einlesen der Ganzzahl, für die die Quersumme berechnet werden soll, erfolgt in Zeile 11:

```
z = screen.readInt("Eingabedialog",
                   "ganzzahliger Wert: ");
```

d.h. die Benutzereingabe wird der lokalen `int`-Variable z zugewiesen.

Hinweis: Diese Zeile ist lediglich aus drucktechnischen Gründen nach dem ersten Parameter umgebrochen, was in Java nicht notwendig, jedoch erlaubt ist.

Die Berechnungsvorschrift (*Algorithmus*) zur Berechnung der Quersumme der in der Variablen z abgespeicherten Ganzzahl befindet sich in den Programmzeilen 13 bis 19:

```
r = z;
s = 0;
while (r > 0)
{
    s = s + r % 10;
    r = r / 10;
}
```

In der Programmzeile 13 wird eine Kopie r von z erstellt, wobei r für „Rest" stehen soll. Die `while`-Schleife zerlegt die in r abgespeicherte Kopie der Ganzzahl mit Hilfe des *modulo*-Operators in ihre Einer, Zehner, Hunderter usw. und summiert diese in der lokalen Variable s auf. Die *ganzzahlige* Division der Variablen r durch 10 am Ende eines jeden Schleifendurchlaufs sorgt zum einen dafür, dass jeweils die nächste Zehnerpotenz mit der *modulo*-Operation ermittelt werden kann, zum anderen ermöglicht sie das Terminieren der `while`-Schleife, da r die Schleifenbedingung

```
while (r > 0)
```

nach dem Durchlaufen aller vorhandenen Zehnerpotenzen nicht mehr erfüllen kann, da r dann den Wert 0 annimmt.

Es gibt noch eine weitere Neuerung in diesem Programm, die wichtig für die folgenden Programme ist. In der Programmzeile 20

```
screen.drawText(50, 50, "Quersumme von " +
                          z + " = " + s);
```

wird der dritte Parameter der Methode `screen.drawText(x, y, text)` als Summe formuliert:

```
"Quersumme von " + z + " = " + s
```

Kann Java etwa Zeichenketten und `int`-Variablen addieren? Wie soll das funktionieren? Und was kommt als Ergebnis dieser „gemischten" Addition aus? Abbildung 3.3 gibt uns

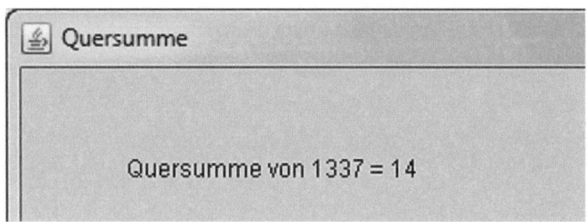

Abb. 3.3: Ausschnitt des *EJE GraphicScreens* bei Ausführung des Programms Quersumme

die Antwort: Wenn der Variablen z durch das Einlesen einer Ganzzahl vom Anwender der Wert 1337 zugewiesen wurde und der Variablen s der berechnete Summenwert 14 vom Programm zugewiesen wurde, dann ersetzt Java beim Auswerten des Ausdrucks zuerst die Variablen durch die in ihnen gespeicherten Werte

```
"Quersumme von " + 1337 + " = " + 14
```

und fügt dann in einem zweiten Schritt die Zeichenketten und Zahlen zu einer einzigen Zeichenkette zusammen:

```
"Quersumme von 1337 = 14"
```

Dieses Verketten von Zeichenketten und Zahlen durch den +-Operator durch implizites Umwandeln der Zahlenwerte in den Variablen in Zeichenketten funktioniert jedoch nur, wenn mindestens *einer* der Operanden eine *Zeichenkette* ist.

3.1.3 P 14 : Römische Zahlen

Das unter Schülern sicherlich bekannteste Zitat zum Thema römische Zahlen stammt von Obelix: „Die spinnen, die Römer!"[2]. Doch es hilft nichts: Jedes Jahr quält sich eine neue Schülergeneration mit der Umrechnung von Dezimalzahlen in römische Zahlen und vice versa.

Kann uns ein Programm[3] diese mühselige Arbeit abnehmen? Es sollte wie folgt aussehen: Wenn wir uns *zuerst* den *Algorithmus* zur Umwandlung einer Dezimalzahl in

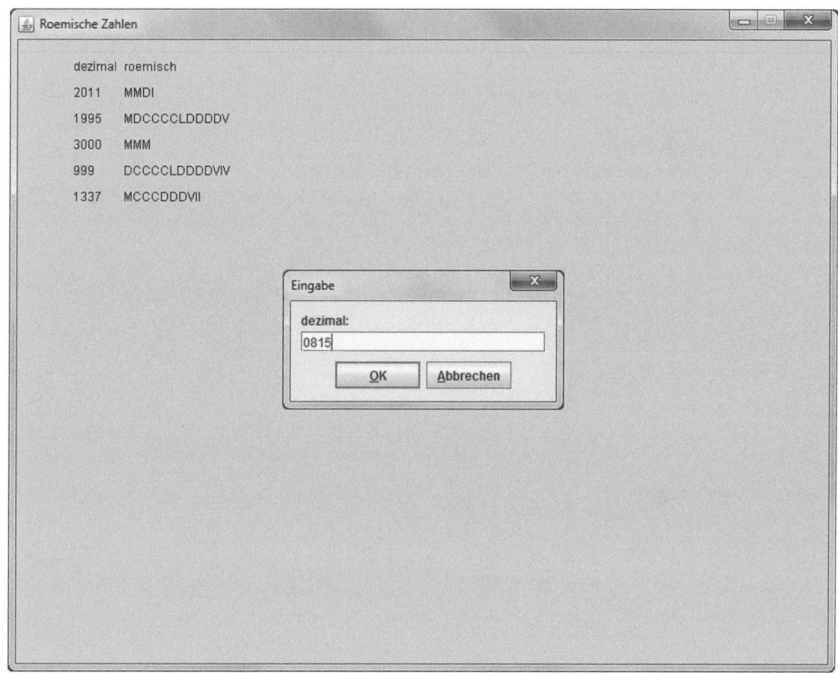

Abb. 3.4: *EJE GraphicScreen* bei der Ausführung des Programms RoemischeZahlen

eine römische Zahl klar machen und dann erst programmieren, dann ist die Erstellung

---

[2]Quelle: *Goscinny, R.; Uderzo, A.: Asterix und Kleopatra (Asterix-Band 2). Stuttgart : EHAPA-Verl., 1969, Seite 45, Bild 1*

[3]Inspiration: *Schauer, H.: PASCAL für Anfänger. 4. Aufl., München : Oldenbourg-Verl., 1982, S. 40*

des Programms RoemischeZahlen nur noch eine Fleißaufgabe, da lediglich eine Fallunterscheidung nach der anderen mit Hilfe von while-Schleifen aneinandergereiht werden
muss.

```
 1   import Prog1Tools.GraphicScreen;
 2
 3   public class RoemischeZahlen
 4   {
 5       public static void main (String[] args)
 6       {
 7           GraphicScreen screen = GraphicScreen.getInstance();
 8           int z, n, d;
 9           String s;
10           final int D_SPALTE = 50;
11           final int R_SPALTE = 100;
12           final int ABSTAND  = 25;
13
14           n = 1;
15           screen.setTitle("Roemische Zahlen");
16           screen.drawText(D_SPALTE, ABSTAND * n, "dezimal");
17           screen.drawText(R_SPALTE, ABSTAND * n, "roemisch");
18           do
19           {
20               d = screen.readInt("Eingabe", "dezimal: ");
21               z = d;
22               n = n + 1;
23               s = "";
24               while (z >= 1000)
25               {
26                   s = s + "M";
27                   z = z - 1000;
28               }
29               while (z >= 500)
30               {
31                   s = s + "D";
32                   z = z - 500;
33               }
34               while (z >= 100)
35               {
36                   s = s + "C";
37                   z = z - 100;
38               }
39               while (z >= 50)
40               {
41                   s = s + "L";
42                   z = z - 50;
43               }
44               while (z >= 10)
45               {
46                   s = s + "X";
```

```
47              z = z - 10;
48          }
49          while (z >= 5)
50          {
51              s = s + "V";
52              z = z - 5;
53          }
54          while (z >= 4)
55          {
56              s = s + "IV";
57              z = z - 4;
58          }
59          while (z >= 1)
60          {
61              s = s + "I";
62              z = z - 1;
63          }
64          if (!s.equals(""))
65          {
66              screen.drawText(D_SPALTE, ABSTAND * n, "" + d);
67              screen.drawText(R_SPALTE, ABSTAND * n, s);
68          }
69      } while (d > 0);
70  }
71 }
```

Auch in diesem Programm wird von der impliziten Umwandlung einer Zahl in eine Zeichenkette bei der Anwendung des +-Operators Gebrauch gemacht:

In Programmzeile 66

```
        screen.drawText(D_SPALTE, ABSTAND * n, "" + d);
```

wird die in der int-Variablen d gespeicherte Dezimalzahl mit Hilfe der Anweisung screen.drawText(x, y, text) ausgegeben. Der Name der Methode sagt es schon: Diese Methode kann nur Texte auf den *EJE GraphicScreen* zeichnen, jedoch keine Zahlen! Die Umwandlung von einer Ganzzahl in eine Zeichenkette erfolgt mit Hilfe des Ausdrucks "" + d . Die vorangestellte, leere Zeichenkette "" reicht dem +-Operator aus, um den Inhalt der int-Variablen d in eine Zeichenkette umzuwandeln.

Warum benötigen wir diesen Trick nicht in Programmzeile 67?

```
        screen.drawText(R_SPALTE, ABSTAND * n, s);
```

Der Unterschied liegt in der Deklaration der Variablen s, die in Programmzeile 9 zu finden ist:

```
    String s;
```

Im Gegensatz zur `int`-Variablen d ist s vom Typ `String`. Das englische Wort *String* heißt auf Deutsch *Zeichenkette*. Und damit benötigt die `String`-Variable s auch keine implizite Umwandlung mehr in eine Zeichenkette mit Hilfe des oben beschriebenen Konstrukts: Sie ist bereits eine Zeichenkette! Und diese Zeichenkette kann mit Hilfe des +-Operators Zeichen für Zeichen zu einer römischen Zahl zusammengesetzt werden, wie es in den Programmzeilen 26, 31, 36, 41, 46, 51, 56 und 61 auch erfolgt.

Neu für uns ist die Formulierung der Bedingung in der `if`-Anweisung am Programmende:

```
if (!s.equals(""))
{
    screen.drawText(D_SPALTE, ABSTAND * n, "" + d);
    screen.drawText(R_SPALTE, ABSTAND * n, s);
}
```

Wie wir in Kapitel 3.5 noch sehen werden, sind Zeichenketten keine *elementaren Datentypen* wie z.B. `int` oder `double`, sondern „höhere" Datentypen. Daher beginnt `String` auch mit einem Großbuchstaben – das hebt den Datentyp `String` deutlich von den *elementaren Datentypen* wie z.B. `int`, `double`, `boolean` und `char` ab, deren Name stets mit einem *Kleinbuchstaben* beginnt.

Die „höheren" Datentypen wie z.B. der `String` weisen auf die objektorientierte Natur von Java hin. Es handelt sich um „Datentypen höherer Ordnung", um *Klassen* im Sinne von: Klassen von Objekten, d.h. alle Objekte dieser Klasse haben gemeinsame Eigenschaften, die sie zu einer eigenen Gruppe, einer eigenen Klasse machen.

Wir wollen uns an dieser Stelle nur merken: Sobald wir es mit einem Datentyp zu tun haben wie z.B. dem Datentyp `String`, dessen Name mit einem *Großbuchstaben* beginnt, verwenden wir als *Vergleichsoperator* für die *inhaltliche* Gleichheit bzw. Ungleichheit nicht mehr == bzw. != , sondern den Ausdruck `x.equals(y)` bzw. `!x.equals(y)`. In unserem konkreten Fall ist x die `String`-Variable s und y ist die leere Zeichenkette "" .

Wozu dient nun die `if`-Anweisung in unserem Programm? Sie macht unser Programm robust gegen unzulässige Benutzereingaben! Das römische Zahlensystem kannte keine Darstellung für die 0 oder negative Zahlen – daher ist die Zeichenkette s auch leer, wenn der Benutzer eine 0 oder eine negative Zahl eingegeben hat. Und diesen Fall fangen wir mit der if-Bedingung in Programmzeile 64 ab, d.h. wir geben kein Umwandlungsergebnis aus und das Programm wird kontrolliert beendet.

Was geschieht nun, wenn man das Programm ablaufen lässt?

Diese Frage können wir uns selbst mit dem Durchführen des nächsten Experiments beantworten!

Experiment P14:

1. Versuchen Sie, die *Variablentabelle* für die Umrechnung der Zahl 1234 zu erstellen! Das Erstellen der Variablentabelle wird Ihnen helfen zu verstehen, wie der Algorithmus zur Umwandlung von Dezimalzahlen in römische Zahlen funktioniert!

2. Was passiert, wenn wir in Programmzeile 66

   ```
   screen.drawText(D_SPALTE, ABSTAND * n, "" + d);
   ```

   den Ausdruck `"" + d` verändern zu `d` ? Ist das Programm nun noch compilierbar? Und falls nein: Wie lautet die Fehlermeldung des Compilers?

3. Was passiert, wenn wir in Programmzeile 66 den Ausdruck `"" + d` verändern zu `"" + d + 1` ?

   Und was passiert, wenn wir die Reihenfolge umstellen zu `d + 1 + ""` ?

   Und was passiert, wenn wir die Reihenfolge umstellen zu `"" + (d + 1)` ?

   Versuchen Sie, sich das unterschiedliche Ergebnis zu erklären unter der Annahme, dass Java den Ausdruck *von links nach rechts* auswertet – wobei Ausdrücke in Klammern zuerst ausgewertet werden – und *erst dann* implizit in einen String umwandelt, wenn es auf den ersten Operanden vom Typ String trifft!

4. Beim Ausführen des Programms mit den Zahlen von 1 bis 20 bemerken Sie, dass zwar die 4 als IV dargestellt wird, jedoch die 9 als VIV und die 19 als XVIV.

   Erweitern Sie das Programm nach dem Vorbild der Umsetzung des Sonderfalls der Zahl 4 derart, dass die 9 als IX und die 19 als XIX ausgegeben wird!

3.1.4 P 15 : Mathematiktest int

Können wir auch ein Programm zum Üben des kleinen Einmaleins schreiben?

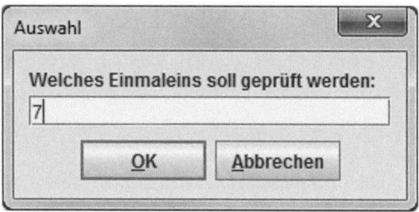

Abb. 3.5: Eingabeaufforderung des Programms MathematiktestInt

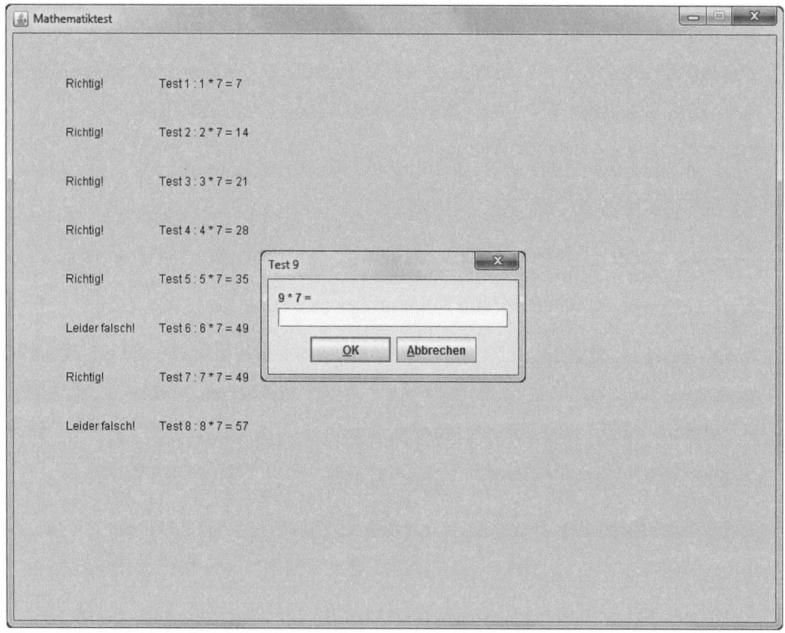

Abb. 3.6: *EJE GraphicScreen* bei der Ausführung des Programms MathematiktestInt

Der *Algorithmus* lautet:

1. Zu Beginn sollte der Anwender eingeben können, welches Einmaleins er gerne üben möchte (Programmzeile 11).

2. Dann wird das ausgewählte Einmaleins durchlaufen (for-Schleife ab Programmzeile 13).

3. Dem Benutzer wird eine Frage der Form 9 * 7 = gestellt und er muss das von ihm berechnete Ergebnis eingeben (Programmzeile 15).

4. Ist das Ergebnis korrekt, wird ein Richtig! (Programmzeile 21) mitsamt des korrekt berechneten Terms ausgegeben (Programmzeile 17).

5. Ist das Ergebnis falsch, wird ein Leider falsch! (Programmzeile 25) mitsamt des falsch berechneten Terms ausgegeben (Programmzeile 17).

```
 1  import Prog1Tools.GraphicScreen;
 2
 3  public class MathematiktestInt
 4  {
 5      public static void main (String[] args)
 6      {
 7          GraphicScreen screen = GraphicScreen.getInstance();
 8          int z, n, ergebnis;
 9
10          screen.setTitle("Mathematiktest");
11          z = screen.readInt("Auswahl",
12                   "Welches Einmaleins soll geprueft werden: ");
13          for (n = 1; n <= 10; n = n + 1)
14          {
15              ergebnis = screen.readInt("Test " + n,
16                           n + " * " + z + " = ");
17              screen.drawText(150, 50 * n, "Test " + n + " : " +
18                           n + " * " + z + " = " + ergebnis);
19              if (ergebnis == n * z)
20              {
21                  screen.drawText(50, 50 * n, "Richtig!");
22              }
23              else
24              {
25                  screen.drawText(50, 50 * n, "Leider falsch!");
26              }
27          }
28      }
29  }
```

Operator	Name	Beispiel	Ergebnis
+	Addition	x = 1.0 + 2.0;	*x hat den Wert 3.0*
-	Subtraktion	x = 3.0 - 1.0;	*x hat den Wert 2.0*
*	Multiplikation	x = 2.0 * 3.0;	*x hat den Wert 6.0*
/	Division	x = 6.0 / 4.0;	*x hat den Wert 1.5*
/	Division	x = 6 / 4.0;	*x hat den Wert 1.5*
/	Division	x = 6.0 / 4;	*x hat den Wert 1.5*

Tab. 3.3: Arithmetische Operatoren für Fließkommazahlen in Java

Operator	Name	Beispiel	Bedeutung
==	gleich	if (x == 3.14)	*Wenn x gleich 3.14 ist, ...*
!=	ungleich	if (x != 3.14)	*Wenn x ungleich 3.14 ist, ...*
<	kleiner als	if (x < 3.14)	*Wenn x kleiner 3.14 ist, ...*
>	größer als	if (x > 3.14)	*Wenn x größer 3.14 ist, ...*
<=	kleiner gleich	if (x <= 3.14)	*Wenn x kleiner oder gleich 3.14 ist, ...*
>=	größer gleich	if (x >= 3.14)	*Wenn x größer oder gleich 3.14 ist, ...*

Tab. 3.4: Vergleichs-Operatoren für Fließkommazahlen in Java

3.2 Der Datentyp double

Wenden wir uns nun dem Datentyp `double` zu, der es uns ermöglichen wird, in Java mit *Fließkommazahlen* umzugehen.

Der Steckbrief des Datentyps `double` sieht wie folgt aus:

- *Eignung:* Darstellung von Fließkommazahlen

- *Beispiele:* 0.1   12.0   -23.75

- *maximaler Wert:* ca. 1E+308, d.h. eine 1 mit 308 Nullen!

- *minimaler Wert:* ca. -1E+308, d.h. eine -1 mit 308 Nullen!

Im Gegensatz zum Deutschen, bei dem eine Fließkommazahl mit einem Komma geschrieben wird, also z.B. 3,1415926 wird in Java die amerikanische Schreibweise mit einem Punkt statt des Kommas verwendet, d.h. 3.1415926.

3.2.1 P 16 : Mathematiktest double

Mit Hilfe des elementaren Datentyps double können wir nun ein weiteres Lernprogramm für Schüler schreiben, die nicht so stark im Kopfrechnen sind. Das Programm soll eine Fließkommazahl als Nenner einlesen und dann das Ergebnis der Division mit Zählern von 1 bis 10 vom Benutzer erfragen.

Stimmt der Ergebnisvorschlag des Benutzers mit einer Genauigkeit von 0.001 mit dem tatsächlich berechneten Ergebnis überein, dann wird ein „Richtig!" ausgegeben, sonst ein „Leider falsch!".

Die Umsetzung dieses Algorithmus in Form eines Java-Programms sieht wie folgt aus:

```java
 1  import Prog1Tools.GraphicScreen;
 2
 3  public class MathematiktestDouble
 4  {
 5      public static void main (String[] args)
 6      {
 7          GraphicScreen screen = GraphicScreen.getInstance();
 8          int n;
 9          double z, ergebnis;
10          final double EPSILON = 0.001;
11
12          screen.setTitle("Mathematiktest mit Genauigkeit von "
13                          + EPSILON);
14          z = screen.readDouble("Auswahl", "Nenner: ");
15          for (n = 1; n <= 10; n = n + 1)
16          {
17              ergebnis = screen.readDouble("Test " + n, n +
18                              " / " + z + " = ");
19              screen.drawText(150, 50 * n, "Test " + n + " : " +
20                              n + " / " + z + " = " + ergebnis);
21              if (Math.abs(ergebnis - (n / z)) <= EPSILON )
22              {
23                  screen.drawText(50, 50 * n, "Richtig!");
24              }
25              else
26              {
27                  screen.drawText(50, 50 * n, "Leider falsch!");
28              }
29          }
30      }
31  }
```

Neu für uns ist lediglich Programmzeile 14, in der eine vom Benutzer einzugebende Fließkommazahl in die als vom Typ double deklarierte Variable z eingelesen wird.

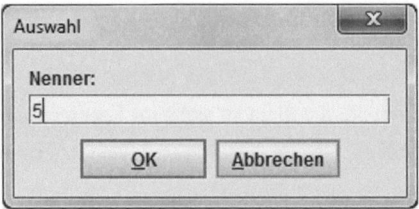

Abb. 3.7: Eingabeaufforderung des *EJE GraphicScreens* zum Einlesen einer Fließkommazahl

Sobald der Nenner in der `double`-Variablen z vorliegt, können wir mit Hilfe der `for`-Schleife die abzufragenden Quotienten bilden.

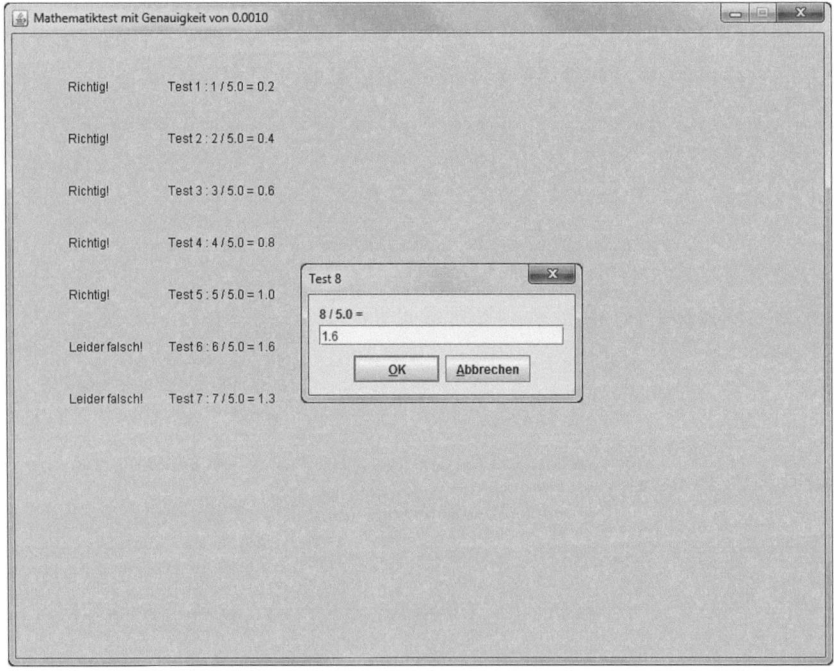

Abb. 3.8: *EJE GraphicScreen* bei der Ausführung des Programms MathematiktestDouble

3.2.2 P 17 : Kreis

Der *EJE GraphicScreen* kann nicht nur *Linien* zeichnen, sondern auch andere geometrische Figuren wie *Rechtecke, Quadrate, Elipsen* und *Kreise*. Wie sieht ein Java-
Programm aus, das vom Anwender einen Radius in Zentimetern einliest und einen Kreis
von diesem Radius zeichnet? Zusätzlich zur Kreisdarstellung sollen in der oberen linken
Ecke noch Informationen zum Kreis wie *Radius, Umfang* und *Fläche* angezeigt werden.

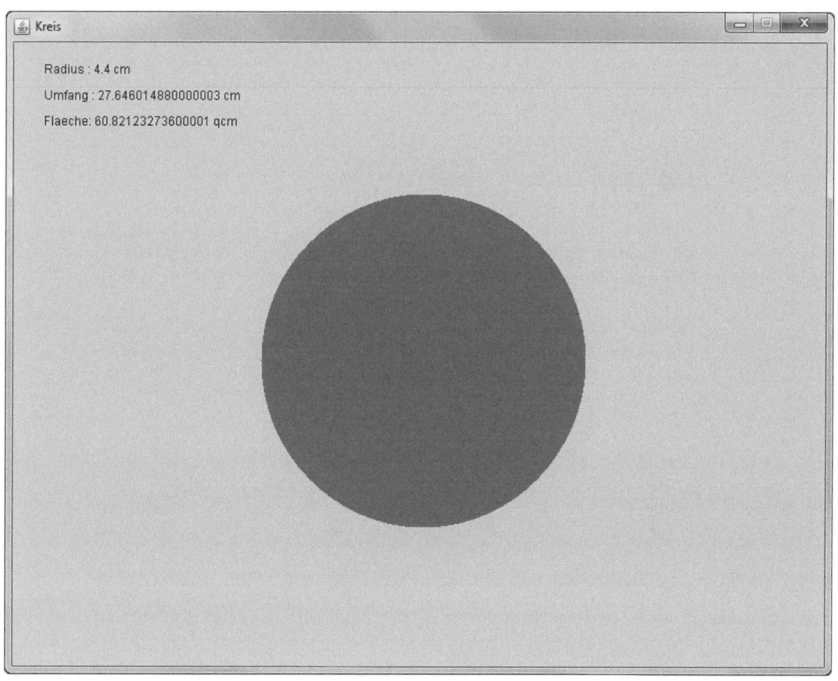

Abb. 3.9: *EJE GraphicScreen* bei der Ausführung des Programms Kreis

Wie Abbildung 3.9 zeigt, beherrscht der *EJE GraphicScreen* auch Farben. Wir wollen
die vordefinierte Farbe GraphicScreen.GREEN verwenden, die wir vor dem Zeichnen des
Kreises mit folgender Anweisung in Programmzeile 26 setzen:

```
screen.setColor(GraphicScreen.GREEN);
```

```
1   import Prog1Tools.GraphicScreen;
2
3   public class Kreis
4   {
5       public static void main (String[] args)
6       {
7           final double PI = 3.1415926;
8           double r, u, f;
9           boolean ausgefuellt = true;
10          int radiusInPixeln;
11          GraphicScreen screen = GraphicScreen.getInstance();
12
13          screen.setTitle("Kreis");
14          r = screen.readDouble("Eingabedialog",
15                               "Radius (in cm): ");
16          u = 2 * r * PI;
17          f = r * r * PI;
18
19          //1 cm entspricht ca. 40 Pixeln
20          radiusInPixeln = (int) r * 40;
21
22          screen.drawText(25, 25, "Radius : " + r + " cm");
23          screen.drawText(25, 50, "Umfang : " + u + " cm");
24          screen.drawText(25, 75, "Flaeche: " + f + " qcm");
25
26          screen.setColor(GraphicScreen.GREEN);
27          screen.drawCircle(400,300,radiusInPixeln,ausgefuellt);
28      }
29  }
```

Die setColor-Methode setzt die Farbe, mit der der *EJE GraphicScreen* Text, Linien und geometrische Figuren zeichnet. Erstmals verwenden wir in diesem Programm auch den im nächsten Kapitel 3.3 besprochenen elementaren Datentyp boolean, der in Form der in Programmzeile 9 deklarierten und mit dem Wahrheitswert true initialisierten boolean-Variable ausgefuellt in Programmzeile 27 der Methode drawCircle mitteilt, dass sie den Kreis bitte ausgefüllt zeichnen möge.

Experiment P17:

1. Welche Farben beherrscht der *EJE GraphicScreen* noch? Versuchen Sie es einmal durch Austausch der Konstanten GREEN in Programmzeile 26 mit mit folgenden Konstanten: BLACK, BLUE, BROWN, GREY, ORANGE, PURPLE, RED oder WHITE.

2. Was passiert, wenn man den setColor-Aufruf von der Programmzeile 26 in die Programmzeile 21 vorzieht?

3.2.3 P 18 : Punktewolke

Gibt es in Java auch eine Möglichkeit, *Zufallszahlen* zu erzeugen, um beispielsweise eine Wolke von Zufallspunkten auf dem *EJE GraphicScreen* anzuzeigen?

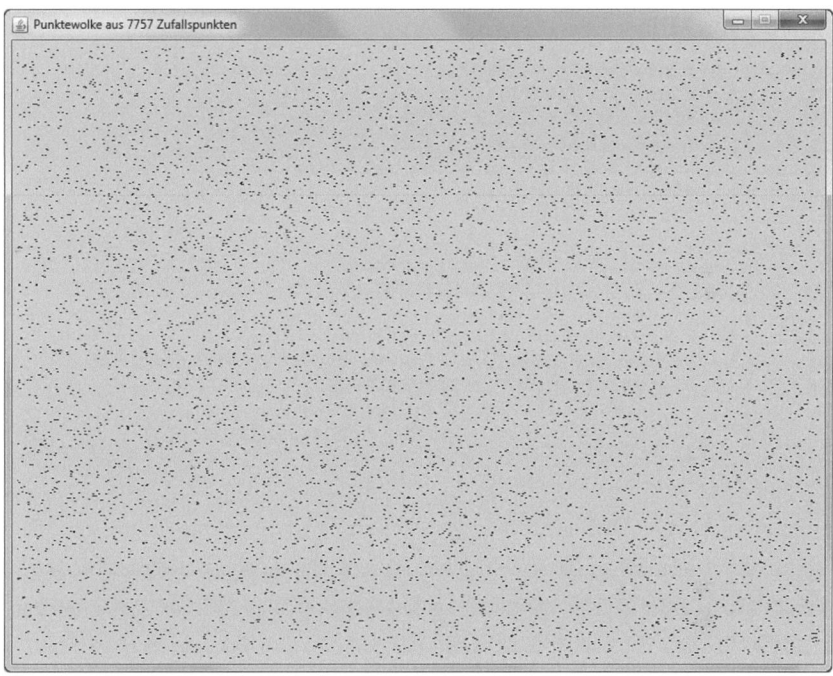

Abb. 3.10: *EJE GraphicScreen* bei der Ausführung des Programms Punktewolke

Abbildung 3.10 zeigt solch eine Punktewolke aus Zufallszahlen. Im Titel des Fensters wird die Anzahl der Zufallspunkte, aus denen die Wolke besteht, angezeigt.

Jeder dieser Zufallspunkte besteht aus einem Paar zweier ganzzahliger Zahlen, x und y. Die Java-Methode Math.random(), mit deren Hilfe wir in den Programmzeilen 19 und 20 die Zufallszahlen für x und y erzeugen, liefert jedoch lediglich einen double-Wert, der größer gleich 0.0 und kleiner als 1.0 ist.

```
 1   import Prog1Tools.GraphicScreen;
 2
 3   public class Punktewolke
 4   {
 5       public static void main (String[] args)
 6       {
 7           GraphicScreen screen = GraphicScreen.getInstance();
 8           int x, y, n;
 9           double xd, yd;
10           boolean ausgefuellt;
11           final int N = 10000;
12           final int RADIUS = 1;
13           final double X_MAX = 800;
14           final double Y_MAX = 600;
15           final int MILLISEKUNDEN = 1;
16           ausgefuellt = true;
17           for (n = 1; n <= N; n = n + 1)
18           {
19               xd = X_MAX * Math.random();
20               yd = Y_MAX * Math.random();
21               x = (int) xd;
22               y = (int) yd;
23               screen.drawCircle(x, y, RADIUS, ausgefuellt);
24               screen.pause(MILLISEKUNDEN);
25               screen.setTitle("Punktewolke aus "
26                               + n + " Zufallspunkten");
27           }
28       }
29   }
```

Um für die x-Koordinate eines Zufallspunktes eine ganzzahlige Zufallszahl zwischen 0 und 799 aus einer double-Zufallszahl größer gleich 0.0 und kleiner 1.0 abzuleiten, multiplizieren wir die double-Zufallszahl mit 800 und speichern sie in einer double-Variablen xd (Programmzeile 19).

Der Wert von xd ist nun größer gleich 0.0 und kleiner als 800, z.B. 12.756. Wir benötigen jedoch nur den ganzzahligen Anteil dieser Zahl, in diesem Fall also die 12. Wie können wir die Nachkommastellen abschneiden?

Dieses Abschneiden der Nachkommastellen können wir in Java mit Hilfe einer expliziten Typenumwandlung – einem sogenannten Typecast – vom Datentyp double in den Datentyp int herbeiführen. Dies geschieht für die Variable x in der Programmzeile 21 durch das Voranstellen des erwünschten Typs int in runden Klammern vor die double-Variable xd und Zuweisen des Ergebnisses dieser expliziten Typenumwandlung an die int-Variable x.

Operator	Name	Beispiel	Bedeutung
!	nicht	if (!x)	*Wenn x nicht true ist, ...*
&&	und	if (x && y)	*Wenn x und y true sind, ...*
||	oder	if (x || y)	*Wenn x oder y true ist, ...*
^	entweder-oder	if (x ^ y)	*Wenn entweder x oder y true ist, ...*

Tab. 3.5: Logische Operatoren für Boolesche Werte in Java

Operator	Name	Beispiel	Bedeutung
==	gleich	if (x == y)	*Wenn x gleich y ist, ...*
!=	ungleich	if (x != y)	*Wenn x ungleich y ist, ...*

Tab. 3.6: Vergleichs-Operatoren für Boolesche Werte in Java

3.3 Der Datentyp boolean

Wenden wir uns nun dem Datentyp `boolean` (auch *Boolescher Typ* genannt) zu, der – wie bereits in den bisherigen Programmen gesehen – eine wichtige Rolle spielt, um Bedingungen in Form logischer Ausdrücke zu formulieren.

Der Steckbrief des Datentyps `boolean` sieht wie folgt aus:

- *Eignung:* Darstellung von Wahrheitswerten

- *Beispiele:* `true`   `false`

- *maximaler Wert:* `true`

- *minimaler Wert:* `false`

Eine `boolean`-Variable kennt also nur zwei Zustände:
Entweder sie ist `true`, oder sie ist `false`.

`boolean`-Variablen können mit Hilfe von logischen Operatoren (Tabelle 3.5) miteinander zu logischen Ausdrücken verknüpft werden.

Zudem können sie mit Hilfe von Vergleichs-Operatoren (Tabelle 3.6) miteinander verglichen werden.

3.3.1 P 19 : Springender Ball auf dem TextScreen

Wir wollen nun einen Ball über den *EJE TextScreen* springen lassen. Trifft der Ball auf den Rand des Bildschirms, dann prallt er von diesem ab. Die Spur seines Weges soll sichtbar gemacht werden, wie es in Abbildung 3.11 zu sehen ist.

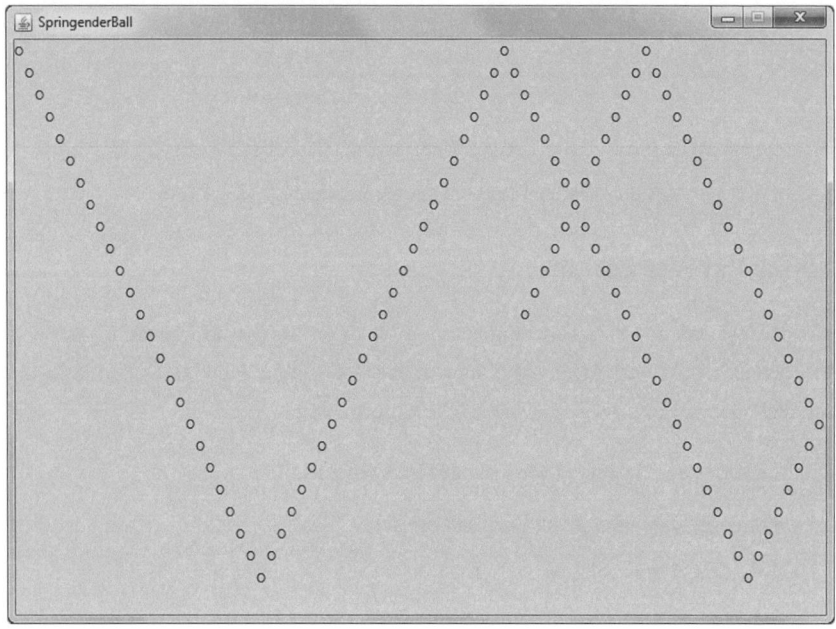

Abb. 3.11: *EJE TextScreen* bei der Ausführung des Programms SpringenderBallTextScreen

Wie sieht der Algorithmus aus, um eine solche Animation zu ermöglichen?

Startpunkt des Balls ist die obere, linke Ecke. Um den Ball diagonal von oben links nach unten rechts zu bewegen, muss bei jedem Schritt die Zeile und die Spalte um 1 erhöht werden. Trifft der Ball auf den unteren Bildschirmrand, muss die Zeile ab sofort bei jedem weiteren Schritt um 1 erniedrigt werden, während die Spalte nach wie vor um 1 erhöht werden muss, da sich der Ball nun diagonal von unten links nach oben rechts bewegen soll. Der Kern des Programms ist daher eine for-Schleife (Programm-zeile 30), die die Schritte hochzählt und über die boolean-Variablen zeileSteigend und spalteSteigend steuert, wie die beiden int-Variablen zeile und spalte, die die Position des Balls darstellen, verändert werden müssen.

```
 1  import Prog1Tools.TextScreen;
 2
 3  public class SpringenderBallTextScreen
 4  {
 5      public static void main (String[] args)
 6      {
 7          final String BALL = "O";
 8          final int MILLISEKUNDEN = 100;
 9          final int ZEILE_MAX = 24;
10          final int SPALTE_MAX = 79;
11
12          int weglaenge = 175;
13          int schritt = 0;
14          int zeile = 0;
15          int spalte = 0;
16          boolean zeileSteigend = true;
17          boolean spalteSteigend = true;
18          TextScreen screen = TextScreen.getInstance();
19
20          screen.setTitle("SpringenderBall");
21
22          // Startposition
23          zeile = 0;
24          spalte = 0;
25          screen.write(zeile, spalte, BALL);
26          screen.pause(MILLISEKUNDEN);
27
28          //Der Ball kann weglaenge Zellen
29          //(= Schritte) weit fliegen
30          for(schritt=1; schritt<=weglaenge; schritt= schritt+1)
31          {
32              // naechste Position des Balls
33              //in Flugrichtung berechnen
34              if (zeileSteigend)
35              {
36                  zeile = zeile + 1;
37              }
38              else
39              {
40                  zeile = zeile - 1;
41              }
42              if (spalteSteigend)
43              {
44                  spalte = spalte + 1;
45              }
```

79

```
46              else
47              {
48                  spalte = spalte - 1;
49              }
50
51              // neue Position des Balls zeigen
52              screen.write(zeile, spalte, BALL);
53              screen.pause(MILLISEKUNDEN);
54
55              // Pruefen, ob der Ball gegen den
56              //EJE-Screen-Rand geprallt ist
57              if (zeile == 0)
58              {
59                  zeileSteigend = true;
60              }
61              if (zeile == ZEILE_MAX)
62              {
63                  zeileSteigend = false;
64              }
65              if (spalte == 0)
66              {
67                  spalteSteigend = true;
68              }
69              if (spalte == SPALTE_MAX)
70              {
71                  spalteSteigend = false;
72              }
73          }
74      }
75 }
```

Wenn zeileSteigend den Wert true hat, wird zeile um 1 erhöht, wenn nicht, um 1 reduziert (Programmzeilen 34 bis 41). Wenn spalteSteigend den Wert true hat, wird spalte um 1 erhöht, wenn nicht, um 1 reduziert (Programmzeilen 42 bis 49).

Dann wird die neue Position des Balls ausgegeben (Programmzeile 52) und für den Betrachter eine kurze Kunstpause eingelegt (Programmzeile 53).

Nun muss nur noch geprüft werden, ob der Ball gegen den

■ oberen oder unteren Bildschirmrand (Programmzeile 57 bzw. 61) oder

■ linken oder rechten Bildschirmrand (Programmzeile 65 bzw. 69)

geprallt ist und entsprechend die boolean-Variablen zeileSteigend bzw. spalteSteigend angepasst werden müssen.

3.3.2 P 20 : Springender Ball auf dem GraphicScreen

Wie sieht das Programm aus, wenn wir den Ball statt über den *EJE TextScreen* über den *EJE GraphicScreen* springen lassen?

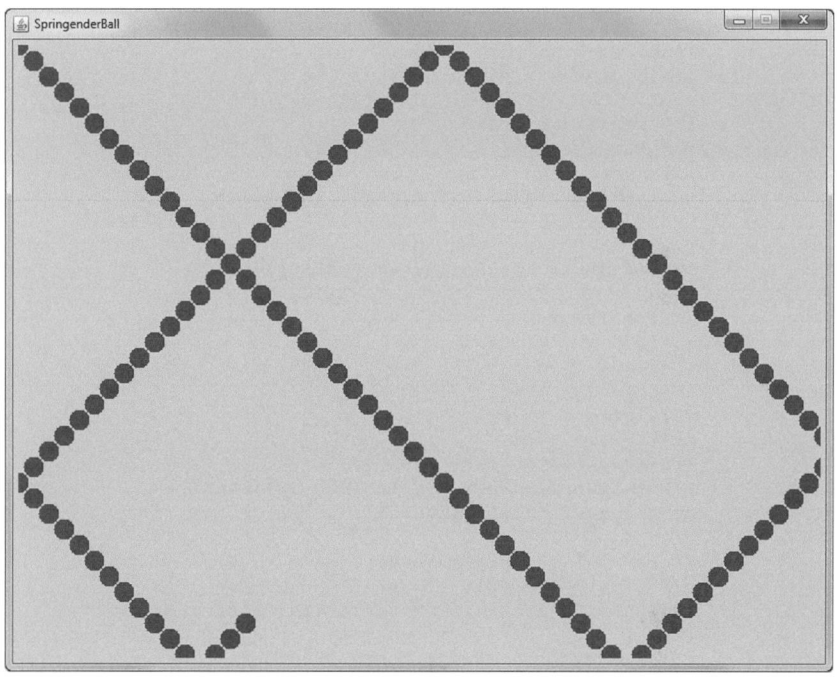

Abb. 3.12: *EJE   GraphicScreen*   bei   der   Ausführung   des   Programms SpringenderBallGraphicScreen

Der Algorithmus ist der gleiche wie im Programm SpringenderBallTextScreen.

Durch die höhere Auflösung bedingt muss jedoch die Weglänge des Balls deutlich verlängert werden (Programmzeile 13) und auch das entstehende Muster sieht ein wenig anders aus, da – dank der linearen Skalierung des *EJE GraphicScreens* – eine Diagonale wirklich als Diagonale angezeigt wird.

```
1   import Prog1Tools.GraphicScreen;
2
3   public class SpringenderBallGraphicScreen
4   {
5       public static void main (String[] args)
6       {
7           final int MILLISEKUNDEN = 100;
8           final int RADIUS = 10;
9           final int DISTANZ = 15;
10          final double X_MAX = 800;
11          final double Y_MAX = 600;
12
13          int weglaenge = 350;
14          int schritt = 0;
15          int x, y;
16          boolean xSteigend, ySteigend, isFilled;
17          GraphicScreen screen = GraphicScreen.getInstance();
18
19          screen.setTitle("SpringenderBall");
20
21          // Startposition
22          x = 0;
23          y = 0;
24          xSteigend = true;
25          ySteigend = true;
26          isFilled = true;
27          screen.setColor(screen.BLUE);
28          screen.drawCircle(x, y, RADIUS, isFilled);
29          screen.pause(MILLISEKUNDEN);
30
31          // Der Ball kann weglaenge Zellen
32          //(= Schritte) weit fliegen
33          for(schritt=1; schritt<=weglaenge; schritt=schritt+1)
34          {
35              // naechste Position des Balls
36              // in Flugrichtung berechnen
37              if (ySteigend)
38              {
39                  y = y + DISTANZ;
40              }
41              else
42              {
43                  y = y - DISTANZ;
44              }
45              if (xSteigend)
46              {
47                  x = x + DISTANZ;
48              }
49              else
50              {
51                  x = x - DISTANZ;
52              }
```

```
53
54              // neue Position des Balls zeigen
55              screen.drawCircle(x, y, RADIUS, isFilled);
56              screen.pause(MILLISEKUNDEN);
57
58              // Pruefen, ob der Ball gegen den
59              //EJE-Screen-Rand geprallt ist
60              if (y <= 0)
61              {
62                  ySteigend = true;
63              }
64              if (y >= Y_MAX)
65              {
66                  ySteigend = false;
67              }
68              if (x <= 0)
69              {
70                  xSteigend = true;
71              }
72              if (x >= X_MAX)
73              {
74                  xSteigend = false;
75              }
76          }
77      }
78 }
```

Experiment P20:

1. Versuchen Sie, die Farbe des Balls von BLUE auf GREEN zu verändern!

2. Was passiert, wenn Sie zu Beginn des for-Schleifenrumpfes noch die Anweisung

$$\texttt{screen.clearScreen();}$$

einfügen?

Hinweis: Passen Sie die Konstante MILLISEKUNDEN an, um den in Experiment P20.2 entstehenden Animationseffekt gut sehen zu können!

Operator	Name	Beispiel	Bedeutung
==	gleich	if (x == 'A')	*Wenn x gleich 'A' ist, ...*
!=	ungleich	if (x != 'Z')	*Wenn x ungleich 'Z' ist, ...*
<	kleiner als	if (x < 'Z')	*Wenn x kleiner 'Z' ist, ...*
>	größer als	if (x > 'A')	*Wenn x größer 'A' ist, ...*
<=	kleiner gleich	if (x <= 'a')	*Wenn x kleiner oder gleich 'a' ist, ...*
>=	größer gleich	if (x >= 'b')	*Wenn x größer oder gleich 'b' ist, ...*

Tab. 3.7: Vergleichs-Operatoren für Zeichen in Java

3.4 Der Datentyp char

Wenden wir uns nun dem Datentyp char zu, der es uns ermöglichen wird, in Java mit einzelnen *Zeichen* umzugehen.

Der Steckbrief des Datentyps char sieht wie folgt aus:

- *Eignung:* Darstellung von einzelnen Zeichen
- *Beispiele:* 'A'   'b'   '2'
- *maximaler Wert:* für unsere Zwecke: (char)255
- *minimaler Wert:* für unsere Zwecke: (char)0

Im Gegensatz zu *Zeichenketten*, die von doppelten Anführungszeichen begrenzt werden, z.B. "Hallo", wird ein Zeichen nur von einzelnen Anführungszeichen begrenzt, z.b. 'H' und kann auch nur aus einem einzigen Zeichen bestehen.

Zeichen sind in einem Zeichensatz hinterlegt und können – wie oben in den Beispielen zu sehen – über den Ausdruck (char) int-Wert definiert werden. So entspricht das Zeichen 'A' dem Ausdruck (char)65, das Zeichen 'B' dem Ausdruck (char)66, das Zeichen 'a' dem Ausdruck (char)97 und das Zeichen 'b' dem Ausdruck (char)98, d.h. Zeichen unterliegen einer Ordnung. Und daher können Zeichen auch mit den uns bereits bekannten Vergleichsoperatoren miteinander verglichen werden (siehe Tabelle 3.7). Durch die Äquivalenz zu int-Werten können sogar Additionen und Subtraktionen der Form x = (char)('A' + 1) bzw. x = (char)('Z' - 25) durchgeführt werden.

3.4.1 P 21 : Leerzeichen entfernen

Wir wollen nun ein kleines Konsolenprogramm[4] erstellen, das einen Text Zeichen für Zeichen mit Hilfe der Methode readChar() der Klasse IOTools aus der Zusatzbibliothek Prog1Tools von der Konsole einliest und den Text ohne Leerzeichen wieder auf der Konsole ausgibt.

Ein typischer Programmablauf soll wie folgt aussehen:

```
────────────────── Konsolenfenster ──────────────────
Programm wird ausgeführt ...
Text mit Leerzeichen : Dies ist ein Beispieltext.
Text ohne Leerzeichen: DiesisteinBeispieltext.
```

Allerdings gibt es noch ein Problem: Wir müssen das Programm in obigem Beispiel mit Hilfe des roten Programm-Abbruch-Buttons in der Knopf-Leiste des *EJE* von Hand abbrechen. Daher legen wir als Abbruchkriterium fest: Sobald der Text das Zeichen 'z' enthält, soll das Programm beendet werden. Die Programmausgabe sieht dann wie folgt aus:

```
────────────────── Konsolenfenster ──────────────────
Programm wird ausgeführt ...
Text mit Leerzeichen : Dies ist ein Text mit Endezeichen.Z
Text ohne Leerzeichen: DiesisteinTextmitEndezeichen.
Programm beendet
```

Das zeichenweise Einlesen einer Benutzereingabe erfolgt im Schleifenrumpf der do-while-Schleife mit Hilfe der readChar-Anweisung[5] (Programmzeile 15)

```
z = IOTools.readChar();
```

Die verwendete Klasse IOTools, die das Einlesen von Benutzereingaben im Konsolenfenster ermöglicht, muss daher zu Beginn unseres Programms noch explizit importiert werden (Programmzeile 1):

```
import Prog1Tools.IOTools;
```

---

[4]Inspiration: *Schauer, H.: PASCAL für Anfänger. 4. Aufl., München : Oldenbourg-Verl., 1982, S. 72*

[5]Die readChar-Anweisung liest immer nur ein Zeichen nach dem anderen von der Konsole ein, unterdrückt jedoch in der zur Zeit vorliegenden Version bereits alle Leerzeichen, die der Benutzer eingibt. Wir werden im Folgenden jedoch davon ausgehen, dass die Leerzeichen nicht unterdrückt werden, was in einer zukünftigen Version der IOTools durchaus der Fall sein kann.

```
1  import Prog1Tools.IOTools;
2
3  public class LeerzeichenEntfernen
4  {
5      public static void main (String[] args)
6      {
7          final char ENDEZEICHEN = 'Z';
8          char z;
9          boolean ausgabeBegonnen;
10
11         System.out.print("Text mit Leerzeichen : ");
12         ausgabeBegonnen = false;
13         do
14         {
15             z = IOTools.readChar();
16             if (!ausgabeBegonnen)
17             {
18                 System.out.print("Text ohne Leerzeichen: ");
19                 ausgabeBegonnen = true;
20             }
21             if (z != ' ' && z != ENDEZEICHEN)
22             {
23                 System.out.print(z);
24             }
25         } while (z != ENDEZEICHEN);
26     }
27 }
```

Die boolean-Variable ausgabeBegonnen stellt sicher, dass der Schriftzug "Text ohne Leerzeichen: " nur ein einziges Mal ausgegeben wird und nicht in jeder Schleifeniteration aufs Neue.

Der Kern des Programms ist die if-Anweisung in Programmzeile 21, die wie folgt gelesen werden kann:

„Wenn das zuletzt eingelesene Zeichen z ungleich einem Leerzeichen und ungleich dem vereinbarten Endezeichen ist, dann gebe das Zeichen aus."

Auf diese Weise werden alle Leerzeichen und auch das ggf. eingegebene Endezeichen bei der Ausgabe des Textes unterdrückt.

Experiment P21:

1. Schreiben Sie das Programm so um, dass es sowohl alle Leerzeichen als auch alle Vorkommen des Zeichens 'e' bzw. 'E' im eingegebenen Text entfernt!

3.4.2 P 22 : Redundanz in der Sprache

Das Entfernen der Leerzeichen im vorhergehenden Programm `LeerzeichenEntfernen` war eigentlich gar kein richtiges Entfernen, sondern eher ein Unterdrücken der Leerzeichen. Gibt es eine Möglichkeit in Java, eingelesene Texte auch wirklich zu verändern, z.b. alle Vokale aus einem eingelesenen Text zu entfernen und diesen veränderten Text dann auszugeben? Ja, das geht! Die Erklärung zum Programm[6] folgt im Kapitel 3.6.

```
─────────────── Konsolenfenster ───────────────
Programm wird ausgeführt ...
Text mit Vokalen : Dies ist ein Beispieltext.
Text ohne Vokale : Ds st n Bspltxt.
Programm beendet
```

```
 1  import Prog1Tools.IOTools;
 2
 3  public class Redundanz
 4  {
 5      public static void main (String[] args)
 6      {
 7          char z;
 8          char[] zeichenfolge;
 9          char[] vokale =
10                  {'A','a','E','e','I','i','O','o','U','u'};
11          boolean istVokal;
12
13          zeichenfolge =
14          IOTools.readLine("Text mit Vokalen : ").toCharArray();
15          System.out.print("Text ohne Vokale : ");
16          for (int i = 0; i < zeichenfolge.length; i = i + 1)
17          {
18              z = zeichenfolge[i];
19              istVokal = false;
20              for (int j = 0; j < vokale.length; j = j + 1)
21              {
22                  if (z == vokale[j])
23                  {
24                      istVokal = true;
25                  }
26              }
27              if (!istVokal)
28              {
29                  System.out.print(z);
30              }
31          }
32      }
33  }
```

---

[6]Inspiration: *Schauer, H.: PASCAL für Anfänger. 4. Aufl., München : Oldenbourg-Verl., 1982, S. 77*

3.4.3 P 23 : TextScreen kalibrieren

Auch das folgende Programm – das Sie auch in den Vorlagen des *EJE* unter *Datei*, *Vorlagen* finden – dient rein der Information, welche Zeichen auf dem *EJE TextScreen* darstellbar sind.

```
1   import Prog1Tools.TextScreen;
2
3   public class TextScreenCalibrator
4   {
5       static final int WIDTH = 727;
6       static final int HEIGHT = 526;
7
8       public static void main (String[] args)
9       {
10          boolean isResizable = true;
11          int width;
12          int height;
13          int resizableOffsetWidth = 1;
14          int resizableOffsetHeight = 1;
15
16          width = WIDTH;
17          height = HEIGHT;
18
19          if (isResizable)
20          {
21              width = width + resizableOffsetWidth;
22              height = height + resizableOffsetHeight;
23          }
24
25          TextScreen screen =
26                      TextScreen.getInstance(width, height);
27
28          screen.setResizable(isResizable);
29          screen.fillScreenWithVisibleUnicodeCharacters();
30          while (true)
31          {
32              width = screen.getWidth();
33              height = screen.getHeight();
34              if (isResizable)
35              {
36                  width = width - resizableOffsetWidth;
37                  height = height - resizableOffsetHeight;
38              }
39              screen.setTitle("EJE TextScreen : width = "
40                      + width + " : height = " + height);
41              screen.pause(10);
42          }
43      }
44  }
```

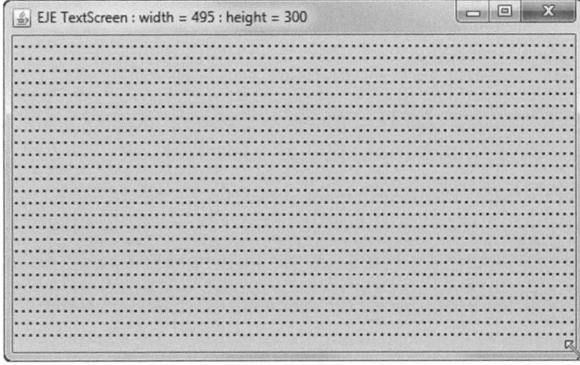

Abb. 3.13: *EJE TextScreen* bei der Ausführung des Programms TextScreenCalibrator, wenn das Fenster eine zu geringe Größe aufweist

Abb. 3.14: *EJE TextScreen* bei der Ausführung des Programms TextScreenCalibrator, wenn das Fenster zu hoch und zu breit ist

3.5 Der Datentyp String

Bereits bei Programmbeispiel 3.1.3 hatten wir festgestellt, dass der Datentyp String *kein* elementarer Datentyp ist, sondern ein Datentyp „höherer Ordnung", eine *Klasse*. Daher kann der bislang verwendete Steckbrief für elementare Datentypen für den String nicht mehr verwendet werden. Wir benötigen einen Steckbrief für *Klassen*.

Dieser „Steckbrief" wird in Java in Form der JavaDoc-Dokumentation zur Verfügung gestellt. In der sogenannten Java API sind die „Steckbriefe" aller Klassen der Java Klassenbibliothek gesammelt. Der vollständige „Steckbrief" der Klasse String würde sich jedoch über Seiten hinziehen!

Wie kommt das? Der entscheidende Unterschied zwischen einem elementaren Datentyp wie einem int und einer Klasse wie String ist: Ein *elementarer Datentyp* bringt selbst *keine* Methoden mit, während eine *Klasse* eine *Vielzahl von Methoden* in sich trägt, die über die *Punktnotation* aufgerufen werden können.

Das bedeutet: Wir können an einer int-Variablen keine Methode mit Hilfe der Punktnotation aufrufen, d.h. es ist nicht möglich, zwei int-Variablen x und y mit Hilfe der equals-Methode zu vergleichen:

```
if (x.equals(y)) // kann nicht compiliert werden
```

Dieser Aufruf ist jedoch für Strings möglich, d.h. es ist möglich, zwei String-Variablen s und t mit Hilfe der equals-Methode zu vergleichen:

```
if (s.equals(t)) // kann compiliert werden
```

Welche Methoden stecken nun also in einem String drin? Wir stellen hier einige wichtige Methoden anhand eines kleinen Beispielprogramms vor.

3.5.1 P 24 : Zeichenketten umwandeln

Wir möchten nun ein Konsolenprogramm erstellen, das den Text `"Dies ist ein Satz."`
im Original, in Großbuchstaben, in Kleinbuchstaben und nochmals zeichenweise im Original ausgibt. Ein typischer Programmablauf soll wie folgt aussehen:

```
———————————————— Konsolenfenster ————————————————
Programm wird ausgeführt ...
Orginal     : Dies ist ein Satz.
toUpperCase : DIES IST EIN SATZ.
toLowerCase : dies ist ein satz.
charArray   : Dies ist ein Satz.
Programm beendet
```

Die Lösung ist ein erstaunlich kompaktes Programm, dank der in jeder Variablen vom Datentyp `String` steckenden Methoden `toUpperCase()`, `toLowerCase()` und `toChar Array()`, die lediglich über die Punktnotation an die `String`-Variablen s aufgerufen werden müssen. Diese Einfachheit der Lösung lässt die Vorteile der *Objektorientierung* erahnen.

```java
public class Stringumwandlung
{
    public static void main (String[] args)
    {
        String s = "Dies ist ein Satz.";
        String sUpperCase = s.toUpperCase();
        String sLowerCase = s.toLowerCase();
        char[] charArray = s.toCharArray();
        int i;

        System.out.println("Orginal     : " + s);
        System.out.println("toUpperCase : " + sUpperCase);
        System.out.println("toLowerCase : " + sLowerCase);
        System.out.print("charArray   : ");
        for (i = 0; i < charArray.length; i = i + 1)
        {
            System.out.print(charArray[i]);
        }
    }
}
```

3.6 Eindimensionale Felder

Was genau liefert die `toCharArray()`-Methode der Klasse `String` eigentlich? Diese Frage führt uns direkt zum Thema *Felder*.

Die Methode `toCharArray()` liefert ein Feld von Zeichen, oder, in Java formuliert:

$$char[]$$

Offensichtlich machen die beiden eckigen Klammern hinter dem Datentyp `char` diesen zu einem *Feld von* `char`, d.h. einem Feld von Zeichen. Dieses Feld von Zeichen ist uns bereits in Programmbeispiel 3.4.2 begegnet. Was genau steckt nun hinter solch einem Feld? Und welche Vorteile bietet es uns?

3.6.1 P 25 : Leerzeichen aus einem String entfernen

Um diese Frage zu beantworten, versuchen wir nun, eine vereinfachte Variante des bereits als Beispielprogramm 3.4.1 kennengelernten Programms zum Entfernen von Leerzeichen aus einer Zeichenkette Zeile für Zeile zu verstehen – und das geht am besten mit einer Variablentabelle.

```
1  public class LeerzeichenEntfernenAusString
2  {
3      public static void main (String[] args)
4      {
5          String s = "A B C";
6          char[] f;
7          char z;
8          System.out.println("Text  mit Leerzeichen: " + s);
9          f = s.toCharArray();
10         s = "";
11         for (int i = 0; i < f.length; i = i + 1)
12         {
13             z = f[i];
14             if (z != ' ')
15             {
16                 s = s + z;
17             }
18         }
19         System.out.println("Text ohne Leerzeichen: " + s);
20     }
21 }
```

PZ	Java-Code	s	f[0]	f[1]	f[2]	f[3]	f[4]	z	i
5	String s = "A B C";	"A B C"	–	–	–	–	–	–	–
6	char[] f;	"A B C"	–	–	–	–	–	–	–
7	char z;	"A B C"	–	–	–	–	–		–
8	System.out .. s	"A B C"	–	–	–	–	–		–
9	f = s.toCharArray();	"A B C"	'A'	' '	'B'	' '	'C'		–
10	s = "";	""	'A'	' '	'B'	' '	'C'		–
11	for (int i = 0; .. ..)	""	'A'	' '	'B'	' '	'C'		0
11	for (.. i < f.length ..)	""	'A'	' '	'B'	' '	'C'		0
13	z = f[i];	""	'A'	' '	'B'	' '	'C'	'A'	0
14	if (z != ' ')	""	'A'	' '	'B'	' '	'C'	'A'	0
16	s = s + z;	"A"	'A'	' '	'B'	' '	'C'	'A'	0
11	for (.. .. i = i + 1)	"A"	'A'	' '	'B'	' '	'C'	'A'	1
11	for (.. i < f.length ..)	"A"	'A'	' '	'B'	' '	'C'	'A'	1
13	z = f[i];	"A"	'A'	' '	'B'	' '	'C'	' '	1
14	if (z != ' ')	"A"	'A'	' '	'B'	' '	'C'	' '	1
11	for (.. .. i = i + 1)	"A"	'A'	' '	'B'	' '	'C'	' '	2
11	for (.. i < f.length ..)	"A"	'A'	' '	'B'	' '	'C'	' '	2
13	z = f[i];	"A"	'A'	' '	'B'	' '	'C'	'B'	2
14	if (z != ' ')	"A"	'A'	' '	'B'	' '	'C'	'B'	2
16	s = s + z;	"AB"	'A'	' '	'B'	' '	'C'	'B'	2
11	for (.. .. i = i + 1)	"AB"	'A'	' '	'B'	' '	'C'	'B'	3
11	for (.. i < f.length ..)	"AB"	'A'	' '	'B'	' '	'C'	'B'	3
13	z = f[i];	"AB"	'A'	' '	'B'	' '	'C'	' '	3
14	if (z != ' ')	"AB"	'A'	' '	'B'	' '	'C'	' '	3
11	for (.. .. i = i + 1)	"AB"	'A'	' '	'B'	' '	'C'	' '	4
11	for (.. i < f.length ..)	"AB"	'A'	' '	'B'	' '	'C'	' '	4
13	z = f[i];	"AB"	'A'	' '	'B'	' '	'C'	'C'	4
14	if (z != ' ')	"AB"	'A'	' '	'B'	' '	'C'	'C'	4
16	s = s + z;	"ABC"	'A'	' '	'B'	' '	'C'	'C'	4
11	for (.. .. i = i + 1)	"ABC"	'A'	' '	'B'	' '	'C'	'C'	5
11	for (.. i < f.length ..)	"ABC"	'A'	' '	'B'	' '	'C'	'C'	5
19	System.out .. s	"ABC"	'A'	' '	'B'	' '	'C'	'C'	–

Tab. 3.8: Variablentabelle des Programms LeerzeichenEntfernenAusString

Die Variablentabelle 3.8 folgt dem uns bereits aus Kapitel 2 vertrauten Muster:

- PZ : Programmzeile

- Java-Code : Java-Code, der in der betrachteten Programmzeile ausgeführt wurde

- s : Inhalt der String-Variablen s

- f[0] bis f[4] : Inhalt der Zelle 0 bis Zelle 4 des char-Feldes f

- z : Inhalt der char-Variablen z

- i : Inhalt der int-Variablen i

Der Strich und das Leerzeichen als Eintragung haben folgende Bedeutung:

- Strich : Die Variable ist noch nicht bzw. *nicht* mehr *deklariert.*

- Leerzeichen : Die Variable ist *deklariert*, jedoch noch *nicht initialisiert.*

Die Wirkung der Methode toCharArray() ist nun anhand der Veränderungen der Variablentabelle beim Vergleich der resultierenden Variablenzustände von Programmzeile 8 zu Programmzeile 9 sehr gut zu erkennen. Offensichtlich wird durch toCharArray() das char-Feld f mit insgesamt 5 Zellen angelegt und sofort mit den korrespondierenden Zeichen der in der String-Variablen s abgelegten Zeichenkette "A B C" initialisiert.

Auf die einzelnen Zellen des char-Feldes f kann nun mit einer *Indexnotation* zugegriffen werden, indem man in eckigen Klammern angibt, auf welche Zelle des char-Feldes f zugegriffen werden soll. So erhält man beim Zugriff auf die Zelle f[0] das Zeichen 'A', beim Zugriff auf die Zelle f[1] das Zeichen ' ' usw.

Felder verfügen über die Eigenschaft length, die mit Hilfe der *Punktnotation* abgefragt werden kann. Hier zeigt sich, dass Felder zu den „höheren" Datentypen gehören, im Grunde also eine Klasse darstellen. Die Abfrage f.length liefert die Länge des Feldes f, d.h. die Anzahl darin enthaltener Zellen, in unserem Programmbeispiel also 5. Die Indizes der Zellen beginnen bei 0 und enden bei 4, d.h. der höchste Index ist stets kleiner als f.length, was die Bedingung in der for-Schleife erklärt: for (.. i < f.length ..).

Mit diesem Hintergrundwissen erschließt sich uns der Algorithmus des Programms direkt beim Verfolgen der Entwicklung der String-Variablen s, die mit dem Inhalt "A B C" startet und am Programmende den von Leerzeichen befreiten String "ABC" enthält.

3.6.2 P 26 : Vokale aus einem String entfernen

Mit den aus Beispielprogramm 3.6.2 gewonnenen Erkenntnissen lässt sich nun auch direkt die Lösungsidee des Programms RedundanzString zum Entfernen von Vokalen aus einer Zeichenkette nachvollziehen. Das Beispiel demonstriert, wie hoch die Redundanz der deutschen Sprache ist: Der Text bleibt auch ohne Vokale noch gut lesbar!

```
───────────── Konsolenfenster ─────────────
Programm wird ausgeführt ...
Text mit Vokalen: Dies ist ein Beispiel.
Text ohne Vokale: Ds st n Bspl.

Programm beendet
```

```
 1  import Prog1Tools.IOTools;
 2
 3  public class RedundanzString
 4  {
 5      public static void main (String[] args)
 6      {
 7          String s;
 8          char z;
 9          char[] zeichenfolge;
10          char[] vokale={'A','a','E','e','I','i','O','o','U','u'};
11          boolean istVokal;
12
13          s = IOTools.readLine("Text mit Vokalen: ");
14          zeichenfolge = s.toCharArray();
15
16          s = "";
17          for (int i = 0; i < zeichenfolge.length; i = i + 1)
18          {
19              z = zeichenfolge[i];
20              istVokal = false;
21              for (int j = 0; j < vokale.length; j = j + 1)
22              {
23                  if (z == vokale[j])
24                  {
25                      istVokal = true;
26                  }
27              }
28              if (!istVokal)
29              {
30                  s = s + z;
31              }
32          }
33          System.out.println("Text ohne Vokale: " + s);
34      }
35  }
```

95

3.6.3 P 27 : Texte chiffrieren

Julius Caesar pflegte als Feldherr in Gallien seine Botschaften[7] an den römischen Senat nach einem einfachen, jedoch wirkungsvollen Prinzip zu verschlüsseln[8]: Er verschob alle Buchstaben seiner Botschaft um *k* Stellen, wobei er sich das Alphabet nur aus Großbuchstaben bestehend ringförmig angeordnet dachte, d.h. auf das Zeichen 'Z' folgte einfach wieder das Zeichen 'A' (*zyklische Verschiebung*).

```
──────────────── Konsolenfenster ────────────────
Programm wird ausgeführt ...
k : 3
Botschaft : Die spinnen, die Gallier!
verschluesselte Botschaft : GLH VSLQQHQ, GLH JDOOLHU!

Programm beendet
```

```
 1  import Prog1Tools.IOTools;
 2
 3  public class Geheimcode
 4  {
 5      public static void main (String[] args)
 6      {
 7          int k;
 8          String s, sv;
 9          char[] f;
10          k = IOTools.readInt("k : ");
11          s = IOTools.readLine("Botschaft : ");
12          s = s.toUpperCase();
13          f = s.toCharArray();
14          sv = "";
15          for (int i = 0; i < f.length; i = i + 1)
16          {
17              if ((f[i] >= 'A') && (f[i] <= 'Z'))
18              {
19                  // zyklisches Verschieben des Zeichens
20                  sv = sv + (char)((f[i] - 'A' + k) % 26 + 'A');
21              }
22              else
23              {
24                  sv = sv + f[i];
25              }
26          }
27          System.out.println("verschluesselte Botschaft : " + sv);
28      }
29  }
```

[7]Quelle: *Goscinny, R.; Uderzo, A.: Asterix als Legionär (Asterix-Band 10). Stuttgart : EHAPA-Verl., 1971, Seite 10, Bild 10*

[8]Quelle: *Kippenhahn, R.: Verschlüsselte Botschaften. 4. Auflage. Nikol, Hamburg 2006*

3.6.4 P 28 : Zeichenketten rückwärts ausgeben (iterative Variante)

Wir wollen nun maximal zehn Zeichen von der Konsole einlesen und in umgekehrter Reihenfolge wieder ausgeben. Die Eingabe des Zeichens 'x' oder 'X' beendet die Eingabe vorzeitig.

```
────────────────────── Konsolenfenster ──────────────────────────
Programm wird ausgeführt ...
1.Zeichen: A
2.Zeichen: B
3.Zeichen: C
4.Zeichen: D
5.Zeichen: x

umgekehrte Zeichenfolge: xDCBA

Programm beendet
```

```
 1  import Prog1Tools.IOTools;
 2
 3  public class InvertiererIterativ
 4  {
 5      public static void main (String[] args)
 6      {
 7          final int MAX_ANZ_ZEICHEN = 10;
 8          char zeichen = (char) 0;
 9          char[] zeichenfolge = new char [MAX_ANZ_ZEICHEN];
10          int  position = 0;
11          while ((zeichen != 'x') && (zeichen != 'X') &&
12                  (position < MAX_ANZ_ZEICHEN))
13          {
14              zeichen = IOTools.readChar(position+1+".Zeichen: ");
15              zeichenfolge[position] = zeichen;
16              position = position + 1;
17          }
18          System.out.println ();
19          System.out.print ("umgekehrte Zeichenfolge: ");
20          while (position > 0)
21          {
22              position = position - 1;
23              System.out.print (zeichenfolge[position]);
24          }
25          System.out.println ();
26      }
27  }
```

In Programmzeile 9 sehen wir, wie man ein Feld bestimmter Länge mit Hilfe des new-Operators erzeugen kann. Alle übrigen Programmzeilen sind uns bereits vertraut.

3.6.5 P 29 : Kommandozeile umkehren

Wir können nun auch eine Frage beantworten, die wir bereits im Kapitel 1 gestellt haben: Was genau bedeutet der Parameter `String[] args` im Methodenkopf der *main*-Methode?

Eines wissen wir bereits: Es handelt sich um ein `String`-Feld, also ein Feld, in dessen Zellen *Zeichenketten* abgespeichert sind.

Doch *mit welchen* Zeichenketten ist dieses `String`-Feld befüllt?
Und *wer* befüllt es?

Beginnen wir mit der zweiten Frage. Wir haben bereits in Kapitel 1.3 gelernt, dass beim Starten eines Programms Java – oder präziser: Die *Java Virtual Machine (JVM)* – in unserem Programm eine *gültige main*-Methode sucht.

Gültig heißt: Der Kopf der *main*-Methode muss wie folgt aussehen:

```
public static void main (String[] args)
```

damit er von Java auch wirklich gefunden und ausgeführt werden kann. Dabei bedeuten die einzelnen Bestandteile:

- `public`, d.h. die Methode muss öffentlich und damit von außen für Java zugreifbar sein.

- `static`, d.h. die Methode muss statischer Natur sein, also beim Laden des Programms (präziser: der *Klasse*) sofort zur Verfügung stehen.

- `void`, d.h. die Methode darf keinen Rückgabewert haben.

- `main`, d.h. die Methode muss mit dem Namen *main* aufrufbar sein.

- `(String[] args)`, d.h. die *main*-Methode muss einen Parameter `args` haben, der vom Typ `String[]` ist, also ein `String`-Feld.

Hinweis: Der Name des Parameters kann von uns frei gewählt werden, d.h.

```
public static void main (String[] kommandozeilenArgumente)
```

ist auch ein gültiger Methodenkopf für die `main`-Methode. Es ist jedoch eine allgemeine Namenskonvention in der Java-Programmierung, den Parameter kurz und prägnant `args` zu nennen – und nicht `kommandozeilenArgumente`, obwohl uns dieser Name den entscheidenden Hinweis gibt.

Nochmals: *Wer* ruft die `main`-Methode auf? Java!

Und wer ruft Java auf?

Das machen *wir*, die *Anwender* des Programms, indem wir den blauen *Play*-Schalter in der Knopfleiste des *EJE* betätigen.

Abb. 3.15: *EJE*-Knopfleiste mit Hinweistext zum *Play-with-args*-Schalter

Bei genauerer Betrachtung fällt uns auf: Es gibt da noch einen zweiten blauen *Play*-Schalter, direkt rechts von dem bislang von uns benutzten. Dieser Schalter hat zusätzlich noch einen grünen Stift. Und wenn man mit der Maus kurz über dem Schalter verweilt, erscheint ein Hinweistext (siehe Abbildung 3.15). Wenn wir für die Ausführung eines Java-Programms den *Play-with-args*-Schalter betätigen, dann startet das Programm nicht direkt, sondern der Benutzer muss zuvor noch die *Kommandozeilenargumente* angeben. Dies geschieht über ein Dialogfenster (siehe Abbildung 3.16).

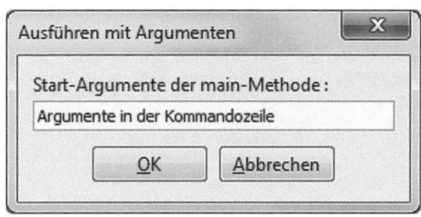

Abb. 3.16: *EJE-Dialogbox* zum Ausführen eines Programms mit Kommandozeilenargumenten

Dabei trennen Leerzeichen die einzelnen Kommandozeilenargumente voneinander. In diesem Beispiel werden dem Programm also vier Argumente übergeben:

- args[0] enthält den String "Argumente"

- args[1] enthält den String "in"

- args[2] enthält den String "der"

- args[3] enthält den String "Kommandozeile"

Versuchen wir es doch gleich einmal! Wir erstellen nun ein Konsolenprogramm, das die vom Benutzer in beliebiger Menge übergebenen Kommandozeilenargumente in umgekehrter Reihenfolge wieder ausgibt.

```
1  public class InvertiererKommandozeile
2  {
3      public static void main (String[] args)
4      {
5          int  position = args.length;
6          System.out.print("umgekehrte Kommandozeile: ");
7          while (position > 0)
8          {
9              position = position - 1;
10             System.out.print (args[position] + " ");
11         }
12         System.out.println ();
13     }
14 }
```

Was geschieht nun, wenn wir das Programm durch Betätigen des *Play-with-args*-Schalters im *EJE* ablaufen lassen?

Zuerst erscheint die Dialogbox zur Eingabe der Kommandozeilenargumente:

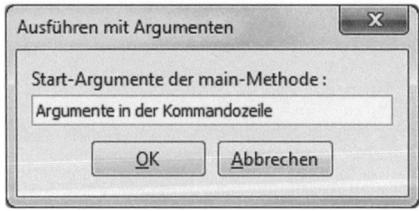

Wenn wir den *OK*-Schalter betätigen, wird die *main*-Methode des Programms mit dem befüllten String-Feld args ausgeführt.

```
──────────────── Konsolenfenster ────────────────
Programm wird ausgeführt ...
umgekehrte Kommandozeile: Kommandozeile der in Argumente

Programm beendet
```

Können wir auf diese Weise auch Berechnungen ausführen lassen? Versuchen wir es doch einfach mit dem folgenden Programm Addieren1:

```
 1  public class Addieren1
 2  {
 3      public static void main (String[] args)
 4      {
 5          int[] f = new int [args.length];
 6          int i;
 7          String summe;
 8          summe = "";
 9          for (i = 0; i < args.length; i = i + 1)
10          {
11              summe = summe + args[i];
12          }
13          System.out.println("Summe = " + summe);
14      }
15  }
```

Wenn wir dieses Programm mit Hilfe des *Play-with-args*-Schalters und den Kommandozeilenargumenten

1 2 3 4 5

ausführen, dann erhalten wir als Ergebnis:

```
──────────────── Konsolenfenster ────────────────
Programm wird ausgeführt ...
Summe = 12345

Programm beendet
```

Nanu? So ein hoher Wert? Erwartet hätten wir die Ausgabe Summe = 15.

Wo liegt der Fehler?

Die *Kommandozeilenargumente* sind stets vom Datentyp String – ganz gleich, ob wir Worte oder Zahlen in das Kommandozeilenargumente-Fenster eingeben! Dies ist durch die Deklaration des Parameters args als String[] festgelegt. Wenn man nun diese String-Variablen mit dem +-Operator verkettet, dann erhält man *nicht* die Summe der als Kommandozeilenargumente übergebenen Zahlen, sondern die einzelnen Zeichenketten werden einfach nur zu einer langen Zeichenkette aneinandergehängt.

Wie kann man einen String-Wert in einen int-Wert umwandeln? Java bietet hierfür die *Klasse* Integer an, die die statische Methode parseInt(String s) zur Verfügung stellt. Diese Methode übersetzt den String s in einen int-Wert.

Wie müssen also zuerst den Inhalt des String-Feldes args in einem gleich großen int-Feld abspeichern, wobei wir die String-Werte mit Hilfe der parseInt-Methode in int-Werte umwandeln. Das Programm Addieren2 zeigt, wie die Kommandozeilenargumente in int-Werte umgewandelt und aufsummiert werden können.

```
1  public class Addieren2
2  {
3      public static void main (String[] args)
4      {
5          int[] f = new int [args.length];
6          int i, summe;
7          // Kommandozeilen-Argumente in int-Werte umwandeln
8          for (i = 0; i < args.length; i = i + 1)
9          {
10             f[i] = Integer.parseInt(args[i]);
11         }
12         // int-Werte addieren
13         summe = 0;
14         for (i = 0; i < f.length; i = i + 1)
15         {
16             summe = summe + f[i];
17         }
18         System.out.println("Summe = " + summe);
19     }
20 }
```

Wenn wir nun dieses Programm mit Hilfe des *Play-with-args*-Schalters und den Kommandozeilenargumenten

1 2 3 4 5

ausführen, dann erhalten wir das korrekte Ergebnis: Summe = 15.

3.6.6 P 30 : Palindrom-Tester

Ein *Palindrom* ist ein Wort oder ein ganzer Satz, das bzw. der sowohl vorwärts als auch rückwärts gelesen werden kann und beides Mal das gleiche Ergebnis liefert. Meist ist es gar nicht so leicht, solch ein Palindrom auf Anhieb zu erkennen. Der Name „Otto" ist sicherlich ein leicht zu erkennendes Palindrom, vor allem, wenn man den Namen in Großbuchstaben schreibt: „OTTO".

Wir wollen nun ein Konsolenprogramm erstellen, das uns hilft, Palindrome sicher zu erkennen.

Der Programmablauf des Programms `PalindromTester` soll wie folgt sein:

1. Der Benutzer gibt auf der Kommandozeile das potenzielle Palindrom ein.

2. Das Programm setzt die Kommandozeilenargumente zu einer langen Zeichenkette zusammen und wandelt alle Buchstaben in Großbuchstaben um.

3. Dann überprüft das Programm, ob es sich bei der aus Großbuchstaben bestehenden Zeichenkette um ein Palindrom handelt und gibt das Ergebnis der Analyse aus.

Ein Beispiel: Wir geben auf der Kommandozeile ein

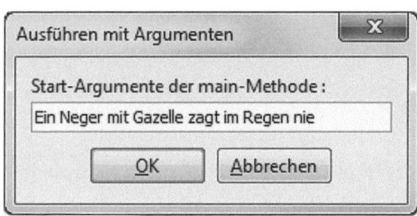

Abb. 3.17: Eingabe der zu überprüfenden Zeichenkette auf der Kommandozeile

Als Ergebnis erhalten wir im Konsolenfenster folgende Ausgabe:

```
———————————————————— Konsolenfenster ————————————————————
Programm wird ausgeführt ...
EINNEGERMITGAZELLEZAGTIMREGENNIE ist ein Palindrom

Programm beendet
```

```
1  public class PalindromTester
2  {
3      public static void main (String[] args)
4      {
5          String kommandozeile, invKommandozeile;
6          int i, n;
7          char[] feld;
8          char z;
9
10         kommandozeile = "";
11         for (i = 0; i < args.length; i = i + 1)
12         {
13             kommandozeile = kommandozeile + args[i];
14         }
15         kommandozeile = kommandozeile.toUpperCase();
16         feld = kommandozeile.toCharArray();
17         n = feld.length;
18         invKommandozeile = "";
19         for (i = 0; i < n; i = i + 1)
20         {
21             z = feld[n - 1 - i];
22             invKommandozeile = invKommandozeile + z;
23         }
24         if (kommandozeile.equals(invKommandozeile))
25         {
26             System.out.println(kommandozeile
27                             + " ist ein Palindrom");
28         }
29         else
30         {
31             System.out.println(kommandozeile
32                             + " ist kein Palindrom");
33         }
34     }
35 }
```

Experiment P30: Alle in diesem Kapitel vorgestellten Konsolenprogramme können auch

als *EJE TextScreen-* und *EJE GraphicScreen-*Programme geschrieben werden!

1. Erstellen Sie das Programm PalindromTester nochmals als Programm für den *EJE TextScreen*!

2. Erstellen Sie das Programm PalindromTester nochmals als Programm für den *EJE GraphicScreen*!

Index	0	1	2	3	4
Wert	"0"	"1"	"2"	"3"	"4"

Tab. 3.9: Eindimensionales Feld am Beispiel von String[] args

Indices	0	1	2	3	4
0	"00"	"01"	"02"	"03"	"04"
1	"10"	"11"	"12"	"13"	"14"
2	"20"	"21"	"22"	"23"	"24"
..	..	..	..	..	..
19	"190"	"191"	"192"	"193"	"194"

Tab. 3.10: Zweidimensionales Feld am Beispiel von String[][] matrix

3.7 Zweidimensionale Felder

Das String-Feld String[] args besitzt genau eine Dimension. Diese eine Dimension wird durch das eine eckige Klammern-Paar definiert. Wenn wir beispielsweise in der Kommandozeile die Argumente 0 1 2 3 4 beim Programmaufruf übergeben haben, dann kann man sich die Java-interne Darstellung des String-Feldes args wie in Tabelle 3.9 skizziert vorstellen. Der Zugriff auf die einzelnen Zellen von args erfolgt mit Hilfe der *Indexnotation* bzw. *Eckige-Klammern-Notation* args[0] bis args[4]. Dieses Prinzip haben wir im Kapitel 3.6 ausgiebig geübt.

Was jedoch, wenn wir beispielsweise die Umsatzzahlen der letzten 20 Wochen unserer fünf Zweigniederlassungen analysieren und hierzu die Summe der Umsätze und deren Mittelwert pro Niederlassung ermitteln möchten?

Hierbei helfen uns Tabellenkalkulationsprogramme, die die Umsatzdaten in Form einer zweidimensionalen Tabelle darstellen. Tabelle 3.10 zeigt, wie wir uns solch ein zweidimensionales Feld (*Matrix*) in Java vorstellen können. Wir haben es nun also nicht mehr nur mit einem Index, sondern mit zwei Indizes zu tun, wenn wir gezielt eine Zelle von matrix ansprechen wollen. Dies geschieht über die bekannte *Indexnotation*, jedoch benötigen wir nun zwei Eckige-Klammern-Paare, um eine Zelle gezielt anzusprechen. Ein Beispiel: In Zelle matrix[19][2] steht der Wert "192".

3.7.1 P 31 : Tabellenkalkulation

Wir wollen nun das Programm `Tabellenkalkulation` als *EJE TextScreen* Anwendung erstellen. Das Programm soll das folgende Aussehen haben:

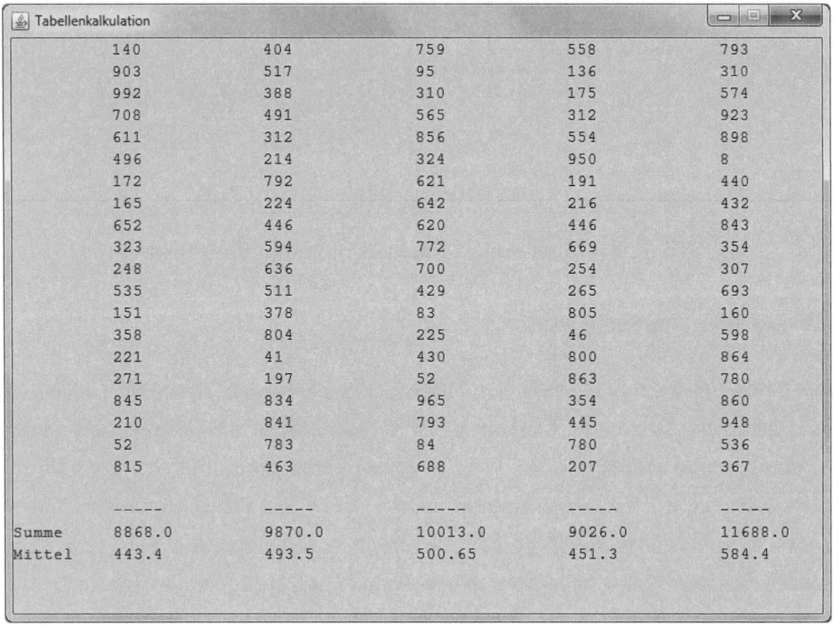

	140	404	759	558	793
	903	517	95	136	310
	992	388	310	175	574
	708	491	565	312	923
	611	312	856	554	898
	496	214	324	950	8
	172	792	621	191	440
	165	224	642	216	432
	652	446	620	446	843
	323	594	772	669	354
	248	636	700	254	307
	535	511	429	265	693
	151	378	83	805	160
	358	804	225	46	598
	221	41	430	800	864
	271	197	52	863	780
	845	834	965	354	860
	210	841	793	445	948
	52	783	84	780	536
	815	463	688	207	367
	-----	-----	-----	-----	-----
Summe	8868.0	9870.0	10013.0	9026.0	11688.0
Mittel	443.4	493.5	500.65	451.3	584.4

Abb. 3.18: *EJE TextScreen* bei der Ausführung des Programms Tabellenkalkulation

Jede Zweigniederlassung ist in einer eigenen Spalte aufgeführt. Der Einfachheit halber generieren wir die erforderlichen `5 * 20 = 100` Umsatzzahlen der letzten 20 Wochen als Zufallszahlen vom Datentyp `int` und legen sie in dem zweidimensionalen `int`-Feld `feld` ab, das wir zuvor mit der Anweisung `new int [20][5]` erzeugt haben.

Unsere Analyse dieser Zufalls-Umsatzzahlen besteht dann daraus, pro Zweigniederlassung die Summe der Umsätze der letzten 20 Wochen und deren Mittel zu berechnen und in den zugehörigen Spalten anzuzeigen.

```
 1   import Prog1Tools.TextScreen;
 2
 3   public class Tabellenkalkulation
 4   {
 5       public static void main (String[] args)
 6       {
 7           TextScreen screen = TextScreen.getInstance();
 8           final int ZEILEN = 20;
 9           final int SPALTEN = 5;
10           final int MAX_WERT = 1000;
11           final int ABSTAND = 15;
12           final int RAND = 10;
13           int zeile, spalte, zahl;
14           double summe, mittel;
15           int[][] feld = new int[ZEILEN][SPALTEN];
16
17           screen.setTitle("Tabellenkalkulation");
18           screen.write(ZEILEN + 2, 0, "Summe");
19           screen.write(ZEILEN + 3, 0, "Mittel");
20
21           for (zeile = 0; zeile < ZEILEN; zeile = zeile + 1)
22           {
23               for (spalte=0; spalte<SPALTEN; spalte= spalte + 1)
24               {
25                   zahl = (int) (Math.random() * (MAX_WERT + 1));
26                   feld[zeile][spalte] = zahl;
27                   screen.write(zeile,(spalte*ABSTAND)+RAND,zahl);
28               }
29           }
30
31           for (spalte = 0; spalte < SPALTEN; spalte = spalte + 1)
32           {
33               summe = 0.0;
34               for (zeile = 0; zeile < ZEILEN; zeile = zeile + 1)
35               {
36                   summe = summe + feld[zeile][spalte];
37               }
38               mittel = summe / ZEILEN;
39               screen.write(ZEILEN + 1,
40                           (spalte * ABSTAND) + RAND, "-----");
41               screen.write(ZEILEN + 2,
42                           (spalte * ABSTAND) + RAND, summe);
43               screen.write(ZEILEN + 3,
44                           (spalte * ABSTAND) + RAND, mittel);
45           }
46       }
47   }
```

3.7.2 P 32 : Aktienkurs

Wie kommt eigentlich der typische Verlauf eines Aktienkurses zustande? Jeden Abend sehen wir solche Grafiken – können wir diese auch selbst generieren? Unser Programm Aktienkurs soll einen typischen Kursverlauf auf dem *EJE GraphicScreen* zeichnen.

Abb. 3.19: *EJE GraphicScreen* bei der Ausführung des Programms Aktienkurs

Der Aktienkurs wird hier mit Hilfe einer *Brownschen Teilchenbewegung* simuliert, d.h. der Kurs der Aktie kann sich pro Zeiteinheit nur maximal um einen festgelegten Wert zufällig nach oben oder unten bewegen. Wir legen den so erzeugten Aktienkursverlauf in einem zweidimensionalen Feld ab, d.h. wir speichern eine Folge von Punkten mit ihrer x- und y-Koordinate. Abschließend geben wir dann dieses Feld auf dem *EJE GraphicScreen* aus, indem wir die Punkte durch Linien miteinander verbinden.

```
 1  import Prog1Tools.*;
 2
 3  public class Aktienkurs
 4  {
 5      public static void main (String[] args)
 6      {
 7          GraphicScreen screen = GraphicScreen.getInstance ();
 8          final int MILLISEKUNDEN = 10;
 9          final int X_MAX = 800;
10          final int Y_MAX = 600;
11          int[][] kursverlauf = new int[X_MAX][2];
12          int x, y, index;
13          int x1, y1, x2, y2;
14
15          y = Y_MAX / 2;
16          for (index = 0; index < X_MAX; index = index + 1)
17          {
18              x = index + 1;
19              if (Math.random() > 0.5)
20              {
21                  y = y - (int)(Math.random()*10);
22              }
23              else
24              {
25                  y = y + (int)(Math.random()*10);
26              }
27              kursverlauf[index][0] = x;
28              kursverlauf[index][1] = y;
29          }
30
31          x1 = kursverlauf[0][0];
32          y1 = kursverlauf[0][1];
33          for (index = 1; index < X_MAX; index = index + 1)
34          {
35              x2 = kursverlauf[index][0];
36              y2 = kursverlauf[index][1];
37              screen.drawLine(x1, y1, x2, y2);
38              x1 = x2;
39              y1 = y2;
40              screen.pause(MILLISEKUNDEN);
41          }
42      }
43  }
```

3.7.3 P 33 : Spiegeln einer Grafik

Eine sehr anschauliche Anwendung[9] von zweidimensionalen Feldern bzw. Matrizen ist das Spiegeln einer Grafik. Wir wollen nun ein Programm Spiegeln schreiben, das ein stilisiertes Java-Logo – eine dampfende Kaffeetasse – an seiner senkrechten Bildachse spiegelt. Auf der linken Seite sehen wir das im zweidimensionalen Feld a[] [] abgespeicherte Original, auf der rechten sein im Feld b[] [] gespeichertes Spiegelbild.

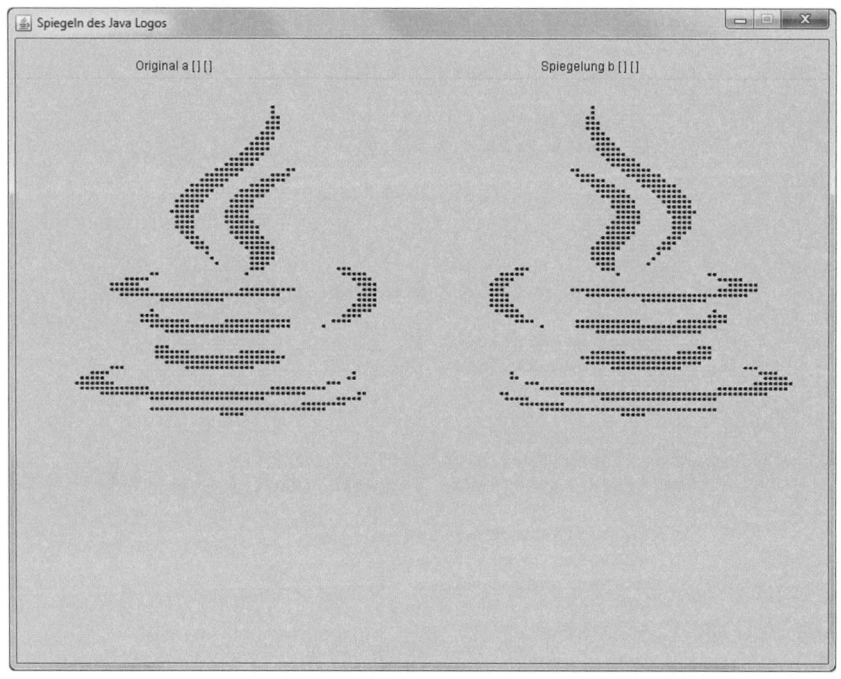

Abb. 3.20: *EJE GraphicScreen* bei der Ausführung des Programms Spiegeln

Woher nimmt das Programm die Bilddaten? Die Bilddaten werden aus einer CSV-Datei namens Javalogo.csv eingelesen. Diese Datei können Sie von der WebSite[10] zu die-

---

[9]Inspiration: *Schauer, H.: PASCAL für Anfänger. 4. Aufl., München : Oldenbourg-Verl., 1982, S. 92*
[10]http://digbib.ubka.uni-karlsruhe.de/volltexte/1000029891

sem Buch beim KIT-Verlag herunterladen und in dem gleichen Verzeichnis wie die Programmdatei Spiegeln.java abspeichern.

CSV steht für *Comma Separated Values*, d.h. es handelt sich um eine Textdatei, die Zeile für Zeile durch Semikolon getrennte Zahlenwerte enthält. Jede Zeile enthält 64 durch Semikolon getrennte Nullen bzw. Einsen. Insgesamt enthält die Datei 64 Zeilen, d.h. $64 * 64 = 4096$ Werte. Diese Werte werden eingelesen und als Bildpunkte auf dem *EJE GraphicScreen* ausgegeben. Dabei steht eine 0 für „keinen Bildpunkt anzeigen" und eine 1 für „einen Bildpunkt anzeigen".

Das Einlesen der CSV-Datei erfolgt mit Hilfe der Prog1Tools-Klasse CSVFile auf denkbar einfache Art und Weise. In Programmzeile 19

```
CSVFile datei = new CSVFile();
```

wird eine Variable vom Typ CSVFile *deklariert* und *initialisiert*. Nun haben wir Zugriff auf CSV-Dateien auf unserer Festplatte – doch auf welche genau?
Mit Programmzeile 9

```
final String DATEINAME = "Javalogo.csv";
```

und Programmzeile 24

```
datei.setName(DATEINAME);
```

erhalten wir Zugriff auf eine CSV-Datei namens Javalogo.csv, die – um auch wirklich gefunden zu werden – im gleichen Verzeichnis wie die Programmdatei Spiegeln.java liegen muss, da dem Dateinamen kein Verzeichnispfadname vorangestellt wurde.
Mit Programmzeile 25

```
a = datei.getContent();
```

lesen wir den gesamten Inhalt der betrachteten CSV-Datei in das zuvor in Programmzeile 17

```
String[][] a, b;
```

deklarierte, jedoch *nicht initialisierte*, zweidimensionale Feld a[][] ein. Nun spiegeln wir mit Hilfe zweier ineinander verschachtelter for-Schleifen den Inhalt der Matrix a[][] auf Matrix b[][], wobei die eigentliche Spiegelungsvorschrift in Programmzeile 35 zu finden ist:

```
b[z][s] = a[z][N - s - 1];
```

111

```
1   import Prog1Tools.GraphicScreen;
2   import Prog1Tools.CSVFile;
3   public class Spiegeln
4   {
5       public static void main (String[] args)
6       {
7           GraphicScreen screen = GraphicScreen.getInstance ();
8           final int MILLISEKUNDEN = 1;
9           final String DATEINAME = "Javalogo.csv";
10          final String PUNKT = "1";
11          final int N = 64;
12          final int FAKTOR = 5;
13          final int RADIUS = 2;
14          final int RAND_ORIGINAL = 50;
15          final int RAND_KOPIE = 450;
16          int z, s, x ,y;
17          String[][] a, b;
18          boolean isFilled = true;
19          CSVFile datei = new CSVFile ();
20
21          screen.setTitle("Spiegeln des Java Logos");
22
23          // Datei auslesen
24          datei.setName(DATEINAME);
25          a = datei.getContent ();
26
27          // Feld b erzeugen
28          b = new String[N][N];
29
30          // Feld a auf Feld b spiegeln
31          for (z = 0; z < N; z = z + 1)
32          {
33              for (s = 0; s < N; s = s + 1)
34              {
35                  b[z][s] = a[z][N - s - 1];
36              }
37          }
38
39          // Bild ausgeben
40          x = RAND_ORIGINAL + N;
41          y = RAND_ORIGINAL / 2;
42          screen.drawText(x, y, "Original a [ ] [ ]");
43          x = RAND_KOPIE + N;
44          screen.drawText(x, y, "Spiegelung b [ ] [ ]");
45
46          for (z = 0; z < N; z = z + 1)
47          {
48              for (s = 0; s < N; s = s + 1)
49              {
50                  // naechsten Punkt des Originals ausgeben
51                  if (a[z][s].equals(PUNKT))
52                  {
```

```
53              x = s * FAKTOR + RAND_ORIGINAL;
54              y = z * FAKTOR + RAND_ORIGINAL;
55              screen.drawCircle(x, y, RADIUS, isFilled);
56          }
57
58          // naechsten Punkt der Kopie ausgeben
59          if (b[z][s].equals(PUNKT))
60          {
61              x = s * FAKTOR + RAND_KOPIE;
62              y = z * FAKTOR + RAND_ORIGINAL;
63              screen.drawCircle(x, y, RADIUS, isFilled);
64          }
65          screen.pause(MILLISEKUNDEN);
66      }
67   }
68   }
69 }
```

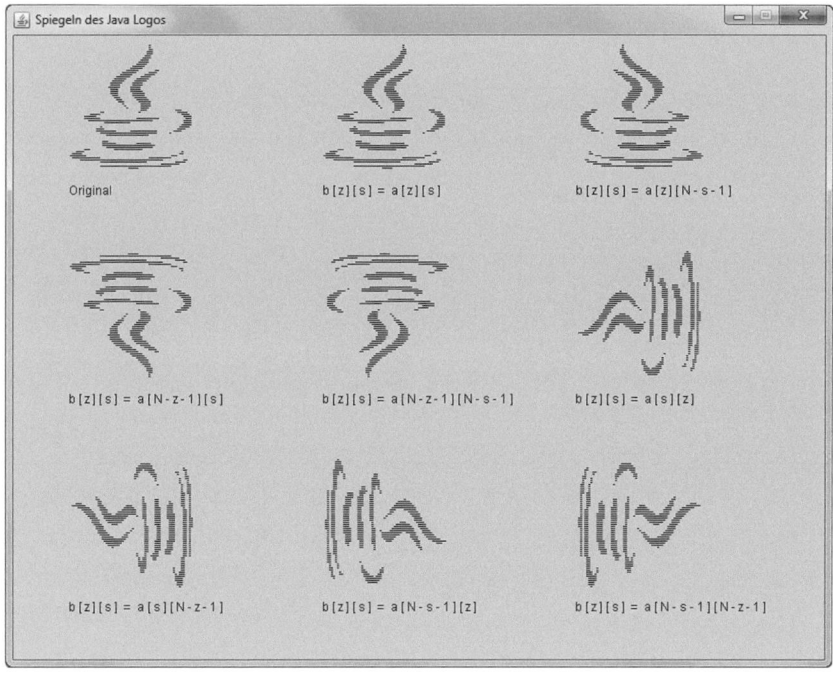

Abb. 3.21: Beispiele für Spiegelungsvorschriften zum Experimentieren

4 Methoden

In diesem Kapitel nutzen wir das in den Kapiteln 2 und 3 gewonnene Wissen, um komplexere Programme zu erstellen. Um die Komplexität jedoch auch noch beherrschen zu können, nutzen wir die Aufteilung des Programms in *Methoden*. Dieser *Top-Down* genannte Strukturierungsansatz gemäß dem *Teile und Herrsche Prinzip* basiert auf drei Arten von Methoden:

- *Kommandos*: Methoden *ohne* Rückgabewert, jedoch *mit Seiteneffekt*.

- *Abfragen*: Methoden *mit* Rückgabewert, jedoch *frei von Seiteneffekten*.

- *Rekursionen*: Methoden, die sich in ihrem Methodenrumpf wiederum selbst aufrufen und die entweder ein *Kommando* oder eine *Abfrage* sind.

Methoden sind ein wichtiges Strukturierungswerkzeug, um das von Andrew Hunt und David Thomas beschriebene DRY-Prinzip[1] der Objektorientierung umzusetzen. DRY ist an Akronym und steht für: *Don't Repeat Yourself!*, auf Deutsch: *Wiederhole Dich nicht!*.

Was haben wir davon, wenn wir uns nicht wiederholen? Wir vermeiden *Redundanz*, d.h. die Wiederholung identischer Quellcode-Passagen an verschiedenen Stellen im Programm.

Warum sollte Redundanz in der Programmierung schädlich sein? Weil Quellcode, der das Gleiche tut, jedoch in mehrfacher Ausführung an unterschiedlichen Stellen im Gesamtprogramm steht, Fehler enthalten kann. Diese Fehler werden irgendwann erkannt und korrigiert – leider meist nur an *einer* Stelle und *nicht* an *allen* Stellen, in denen Kopien dieses Quellcodes nochmals auftauchen. Methoden geben uns die Möglichkeit, das Kopieren von Quellcode-Passagen zu vermeiden, indem wir gleichen Quellcode verschiedener Programmteile an einen zentralen Ort – *Methode* genannt – auslagern und den gleichartigen Quellcode in den verschiedenen Programmteilen durch Aufrufe der zentralen Methode ersetzen.

---

[1] *Hunt, A.; Thomas, D.: The pragmatic programmer. Amsterdam : Addison-Wesley Longman, 1999*

Wenn wir nun einen Fehler in unserem Programm entdecken, dann reicht es aus, diesen Fehler an *einer* zentralen Stelle, nämlich im Quellcode der betroffenen Methode, zu korrigieren. Von dieser Verbesserung profitieren dann automatisch *alle* Programmteile, die diese Methode verwenden.

Die *Objektorientierung* hat die Umsetzung des DRY-Prinzips durch das *Klassenkonzept* und den Mechanismus der *Vererbung* und des *Polymorphismus* weiterentwickelt. Mehr zu diesem spannenden Thema finden wir z.B. in dem bereits erwähnten Standardwerk *Ratz, Scheffler, Seese, Wiesenberger: Grundkurs Programmieren in Java*, das eine vollständige Einführung in die objektorientierte Programmierung mit Java für Studierende bietet.

In diesem Buch konzentrieren wir uns auf das richtige *Schneiden* und *Schreiben* von Methoden.

Beim *richtige Schneiden* von Methoden werden wir uns – in Anbetracht der relativ kurzen Programme – durch eine einfache Regel anleiten lassen: Keine Methode darf länger als eine Bildschirmseite (ca. 25 Programmzeilen) sein!

Das Wort *Schnittstellen* stammt von *Schneiden* ab. Unter *Schnittstelle* ist die konkrete Ausgestaltung des *Methodenkopfes* zu verstehen. Dabei müssen wir drei *Kernfragen* beantworten:

1. *Methodenrückgabewert:* Handelt es sich bei der Methode um ein *Kommando* (kein Rückgabewert) oder um eine *Abfrage* (Rückgabewert)?

2. *Methodenname:* Welcher Name drückt am besten aus, was die Methode bewirkt?

3. *Methodenparameter:* Welche Parameter – so wenige wie möglich! – müssen der Methode beim Aufruf mindestens übergeben werden, so dass sie korrekt arbeiten kann?

Mit der klaren Unterscheidung von *Kommandos* und *Abfragen* (engl.: *Command-Query-Separation*) eignen wir uns eine wichtige *objektorientierte Designtechnik* an, die fundamental für das Design von *Klassenschnittstellen* ist.

Für das *richtige Schreiben* von Methoden gibt es *Goldene Regeln*, die wir anhand der Programmbeispiele in diesem Kapitel einführen werden.

4.1 Methoden ohne Rückgabewert

Wir beginnen mit *Methoden ohne Rückgabewert*, den sogenannten *Kommandos*, wie wir sie schon in unserem ersten Programm HelloWorld in Form des Kommandos

```
System.out.println("Hello World");
```

kennengelernt haben. Können wir solche Kommandos auch selbst erstellen?

4.1.1 P 34 : Invertieren eines Feldes durch Kommandos

Werfen wir nochmals einen Blick auf das Programmbeispiel 3.6.4. In diesem Programm befinden sich zwei Passagen, die – bei größeren Programmen – durchaus wert wären, als *Kommandos* ausgelagert zu werden. Die Programmausgabe soll unverändert wie folgt aussehen:

```
────────────────── Konsolenfenster ──────────────────
Programm wird ausgeführt ...
1.Zeichen: A
2.Zeichen: B
3.Zeichen: C
4.Zeichen: D
5.Zeichen: x

umgekehrte Zeichenfolge: xDCBA

Programm beendet
```

Dazu benötigen wir zwei *Kommandos* mit folgenden Anforderungen:

- umdrehen: Dieses Kommando dreht den Inhalt eines übergebenen char-Feldes, das bis zur *n*-ten Stelle mit Zeichen belegt ist, um.

- ausgeben: Dieses Kommando gibt den Inhalt eines übergebenen char-Feldes, das bis zur *n*-ten Stelle mit Zeichen belegt ist, auf der Konsole aus.

Aus dieser Anforderung lassen sich die minimal erforderlichen *Methodenköpfe* ableiten:

- void umdrehen (char[] feld, int n)
- void ausgeben (char[] feld, int n)

117

Das Kommando umdrehen können wir wie folgt programmieren:

```
static void umdrehen (char[] feld, int n)
{
    char c;
    for (int i = 0; i <= (n / 2); i = i + 1)
    {
        // Ringtausch
        c = feld[i];
        feld[i] = feld[n - i];
        feld[n - i] = c;
    }
}
```

Für die Methode umdrehen gelten die gleichen Regeln wie für die uns bereits bestens bekannte *main*-Methode. Sie besteht aus zwei Bestandteilen:

■ *Methodenkopf*

■ *Methodenrumpf*

Die Methode umdrehen muss static sein, da aus dem *statischen Kontext* der *main*-Methode, die per Definition static sein muss, wiederum nur statische Methoden aufgerufen werden können.

Die Parameter feld und n sind im Methodenrumpf der Methode umdrehen wie ganz normale lokale Variablen verfügbar. Wir durchlaufen nun die vordere Hälfte der Zellen von feld und tauschen sie mit ihrem gegenüberliegenden Pendant der hinteren Hälfte. Dieser Tausch erfolgt über einen *Ringtausch*, d.h. der vordere zu tauschende Wert wird in der Hilfsvariablen c zwischengespeichert, damit er beim Tauschen nicht überschrieben werden kann. Die drei Variablen c, feld[i] und feld[n - i] bilden in dieser Reihenfolge einen logischen Kreis (Ring) und tauschen ihre Inhalte reihum – daher der Name *Ringtausch*.

Doch wie gelangt das veränderte Feld zurück in die *main*-Methode? Beim Aufruf der Methode legt Java automatisch *Kopien* der übergebenen Variablen an. Ohne zu tief in die Objektorientierung eintauchen zu wollen, lautet die Antwort: Wir machen uns die Tatsache zu nutze, dass es sich bei Feldern um höhere Datentypen handelt. Die *Kopierregel* bewirkt bei *elementaren* Datentypen in der Tat, dass wir den Wert von n zwar im Rumpf der Methode beliebig verändert könnten, wenn wir wollten, dies würde jedoch keine Veränderung (keinen *Seiteneffekt*) der per Kopie übergebenen Variablen in der aufrufenden *main*-Methode hervorrufen.

Bei *höheren Datentypen* hingegen „versagt" diese Kopierregel: Es kommt zu einem *Seiteneffekt*, d.h. die von der *main*-Methode übergebene Feld-Variable verändert sich auch in der aufrufenden *main*-Methode, wenn wir ihren Inhalt im Rumpf der Methode umdrehen verändern.

Betrachten wir nun das *Kommando* ausgeben, das wir wie folgt programmieren können:

```
static void ausgeben(char[] feld, int n)
{
    for (int i = 0; i <= n; i = i + 1)
    {
        System.out.print(feld[i]);
    }
    System.out.println();
}
```

Auch für die Methode ausgeben gelten die gleichen Regeln wie für die uns bereits bestens bekannte *main*-Methode. Sie besteht ebenfalls aus den beiden Bestandteilen *Methodenkopf* und *Methodenrumpf* und muss static sein, da sie aus dem statischen Kontext der *main*-Methode aufgerufen werden können soll. Die Parameter feld und n sind im Methodenrumpf der Methode ausgeben wie ganz normale lokale Variablen verfügbar. Zum Ausgeben des Feldes auf der Konsole durchlaufen wir mit Hilfe einer for-Schleife das Feld von Zelle 0 bis Zelle n und geben sie zeichenweise mit Hilfe des *Kommandos* System.out.print(String s) aus (hier findet der *Seiteneffekt* statt!). Dieses Kommando führt – im Gegensatz zu System.out.println(String s) – nicht automatisch einen Zeilenumbruch durch (engl.: newline), so dass wir dies nach Ausgabe aller Zeichen mit System.out.println() nachholen müssen.

Wenn man jetzt noch weiß, dass diese neuen Methoden – analog zur *main*-Methode – in den Programmrumpf geschrieben werden müssen, um in der *main*-Methode zur Verfügung zu stehen, dann liegt das vollständige Programm wie folgt vor.

```
1   import Prog1Tools.IOTools;
2
3   public class InvertiererKommando
4   {
5       public static void main (String[] args)
6       {
7           final int MAX_ANZ_ZEICHEN = 10;
8           char zeichen  = ' ';
9           char[] zeichenfolge = new char [MAX_ANZ_ZEICHEN];
10          int  position = 0;
11          while ((zeichen != 'x') && (zeichen != 'X') &&
12                  (position < MAX_ANZ_ZEICHEN))
13          {
14              zeichen = IOTools.readChar(position + 1 +
15                                  ".Zeichen: ");
16              zeichenfolge [position] = zeichen;
17              position = position + 1;
18          }
19          System.out.println ();
20          System.out.print ("umgekehrte Zeichenfolge: ");
21          umdrehen(zeichenfolge, position - 1);
22          ausgeben(zeichenfolge, position - 1);
23      }
24
25      static void umdrehen (char[] feld, int n)
26      {
27          char c;
28          for (int i = 0; i <= (n / 2); i = i + 1)
29          {
30              // Ringtausch
31              c = feld[i];
32              feld[i] = feld[n - i];
33              feld[n - i] = c;
34          }
35      }
36
37      static void ausgeben(char[] feld, int n)
38      {
39          for (int i = 0; i <= n; i = i + 1)
40          {
41              System.out.print(feld[i]);
42          }
43          System.out.println ();
44      }
45  }
```

· Die beiden neuen Methoden umdrehen und ausgeben wurden einfach unter die *main*-Methode geschrieben. Dank ihrer statischen Natur können sie nun von *jeder* beliebigen Methode des Programms beliebig oft aufgerufen werden.

4.1.2 P 35 : Sortieren einer Zahlenfolge mit BubbleSort

Den Aufbau eines Programms haben wir bereits in Kapitel 2.1 wie folgt beschrieben:

```
 1  import Prog1Tools.GraphicScreen;
 2  public class HelloWorldGrafikbildschirm
 3  {
 4      // Deklaration und Initialisierung von
 5      // - globalen statischen Konstanten
 6      // - globalen statischen Variablen
 7
 8      public static void main (String[] args)
 9      {
10          // Deklaration und Initialisierung von:
11          // - lokalen Konstanten
12          // - lokalen Variablen
13          GraphicScreen screen = GraphicScreen.getInstance();
14
15          // Anweisungen
16          screen.drawText(400, 300, "Hello World");
17      }
18  }
```

Diesen grundsätzlichen Aufbau finden wir nun im Programm BubbleSortTextScreen voll genutzt, d.h. die Methoden ausgeben und bubbleSort können auf alle statischen Variablen und statischen Konstanten zugreifen, ohne dass diese als Parameter übergeben werden müssten.

Die import-Anweisung import Prog1Tools.* importiert *alle* Klassen der Prog1Tools-Klassenbibliothek. Das Zeichen * steht für *alle* Klassen des Prog1Tools-Pakets, so dass wir diese Klassen wie z.B. GraphicScreen nicht mehr einzeln importieren müssen.

Das Programm soll die vorgebene, absteigend sortierte Zahlenfolge

$$int[] \ feld = \{ 10, 9, 8, 7, 6, 5, 4, 3, 2, 1 \};$$

mit Hilfe des sogenannten *BubbleSort*-Algorithmus aufsteigend sortieren.

Wir sehen hier ein Beispiel der *Deklaration* und direkten *Initialisierung* (Befüllung) eines int-Feldes durch Aufzählen der im int-Feld zu speichernden Elemente in geschweiften Klammern, wobei die einzelnen Elemente durch Kommata getrennt aufgelistet werden.

Das Besondere an diesem Programm ist, dass wir das Arbeiten des Algorithmus in Form einer Animation beobachten können: Die großen Zahlen scheinen in der Tat wie Blasen (engl.: bubble) von links nach rechts aufzusteigen und sortieren so nach *n* Durchläufen die Zahlenfolge vollständig aufsteigend.

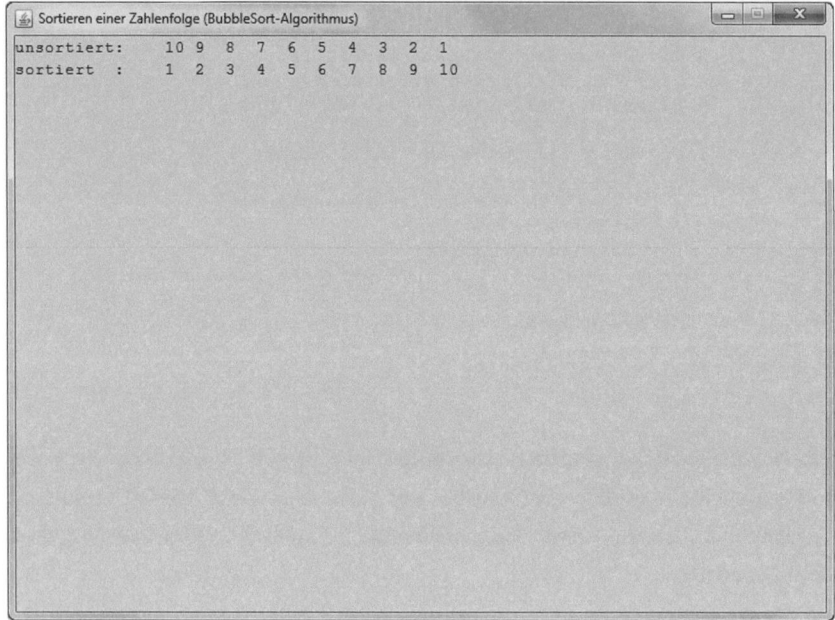

Abb. 4.1: *EJE TextScreen* nach Abschluss der Ausführung des Programms BubbleSort

```
 1   import Prog1Tools.*;
 2
 3   public class BubbleSortTextScreen
 4   {
 5       // globale Konstanten
 6       static final int MILLISEKUNDEN = 50;
 7       static final int ZEILE_UNSORTIERT = 0;
 8       static final int ZEILE_SORTIERT = 1;
 9       static final int SPALTE_FOLGE = 15;
10       static final int ABSTAND = 3;
11
12       // globale Variablen
13       static TextScreen screen = TextScreen.getInstance();
14
```

```
15   public static void main (String[] args)
16   {
17       int[] feld = { 10, 9, 8, 7, 6, 5, 4, 3, 2, 1 };
18
19       screen.setTitle("Sortieren einer Zahlenfolge " +
20                       "(BubbleSort-Algorithmus)");
21       screen.write(ZEILE_UNSORTIERT, 0, "unsortiert:");
22       ausgeben(ZEILE_UNSORTIERT,SPALTE_FOLGE,ABSTAND,feld);
23       screen.write(ZEILE_SORTIERT, 0, "bubbleSort:");
24       bubbleSort(feld);
25       screen.write(ZEILE_SORTIERT, 0, "sortiert   :");
26   }
27
28   static void ausgeben(int z, int s, int abstand, int [] a)
29   {
30
31       for (int i = 0; i < a.length; i = i + 1)
32       {
33           screen.write(z, s + i * abstand, a[i] + " ");
34           screen.pause(MILLISEKUNDEN);
35       }
36   }
37
38   static void bubbleSort (int[] a)
39   {
40       boolean vertauscht = true;
41
42       for (int i = a.length-1; i > 0 && vertauscht; i = i-1)
43       {
44           vertauscht = false;
45           for (int j = 0; j < i; j = j + 1)
46           {
47               if (a[j] > a[j + 1])
48               {
49                   int h = a[j];
50                   a[j] = a[j + 1];
51                   a[j + 1] = h;
52                   vertauscht = true;
53                   ausgeben(ZEILE_SORTIERT,
54                            SPALTE_FOLGE, ABSTAND, a);
55               }
56           }
57       }
58   }
59 }
```

An diesem Beispiel können wir auch beobachten, wie die *main*-Methode durch die Auslagerung von Quellcode in mehrere Methoden kurz und übersichtlich wird.

4.1.3 P 36 : Gleitender Durchschnitt eines Aktienkurses

Die Trendanalyse von Aktienkursen erfreut sich bei Börsenhändlern nach wie vor großer Beliebtheit. Können wir eine einfache Version eines solchen Trendanalyse-Programms auch erstellen? Es sollte folgende Ausgabe auf dem *EJE GraphicScreen* liefern:

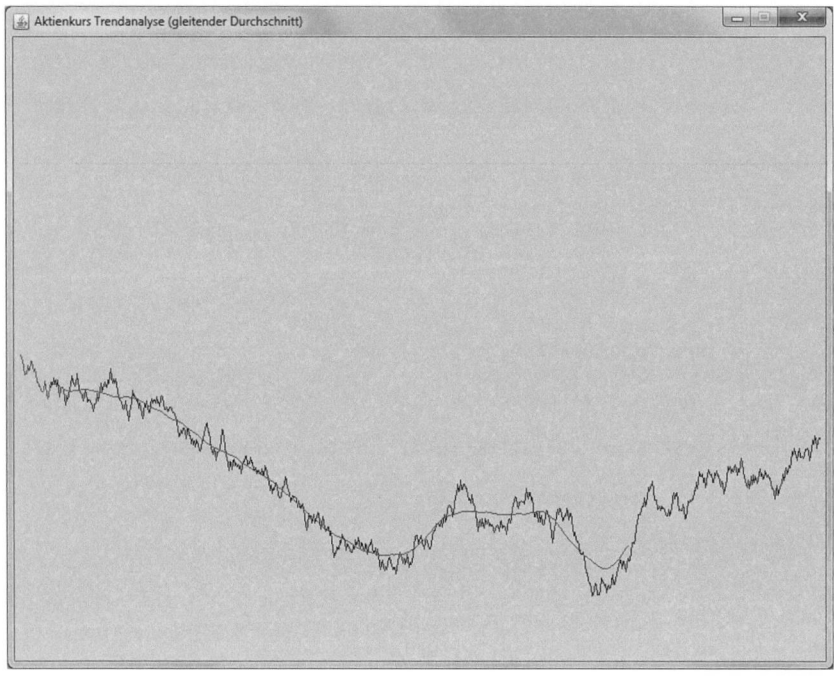

Abb. 4.2: *EJE GraphicScreen* bei der Ausführung des Programms GleitenderDurchschnitt

Der Aktienkurs selbst wird hier mit Hilfe einer *Brownschen Teilchenbewegung* simuliert, d.h. der Kurs der Aktie kann sich pro Zeiteinheit nur maximal um einen festgelegten Wert zufällig nach oben oder unten bewegen.

Wir legen diesen zufälligen Aktienkursverlauf in einem zweidimensionalen Feld ab und analysieren dann dieses Feld mit Hilfe der Methode des gleitenden Durchschnitts[2].

---

[2]Quelle: *Jens-Peter Kreiß, Georg Neuhaus: Einführung in die Zeitreihenanalyse. Springer, 2006.*

```
1   import Prog1Tools.*;
2
3   public class GleitenderDurchschnitt
4   {
5       static final int MILLISEKUNDEN = 10;
6       static final int X_MAX = 800;
7       static final int Y_MAX = 600;
8       static GraphicScreen screen = GraphicScreen.getInstance();
9       static int[][] kursverlauf = new int[X_MAX][2];
10      static int[][] gleitenderDurchschnitt = new int[X_MAX][2];
11
12      public static void main (String[] args)
13      {
14          screen.setTitle("Aktienkurs Trendanalyse" +
15                          "(gleitender Durchschnitt)");
16          kursverlaufBefuellen();
17          anzeigen(kursverlauf);
18          gleitenderDurchschnittBerechnen(30);
19          screen.setColor(screen.BLUE);
20          anzeigen(gleitenderDurchschnitt);
21      }
22
23      static void kursverlaufBefuellen ()
24      {
25          int x, y, index;
26          y = Y_MAX / 2;
27          for (index = 0; index < X_MAX; index = index + 1)
28          {
29              x = index + 1;
30              if (Math.random() > 0.5)
31              {
32                  y = y - (int)(Math.random()*10);
33              }
34              else
35              {
36                  y = y + (int)(Math.random()*10);
37              }
38              kursverlauf[index][0] = x;
39              kursverlauf[index][1] = y;
40              gleitenderDurchschnitt[index][0] = x;
41              gleitenderDurchschnitt[index][1] = y;
42          }
43      }
44
45      static void anzeigen (int[][] feld)
46      {
47          int x1, y1, x2, y2, index;
48
49          x1 = feld[0][0];
50          y1 = feld[0][1];
51          for (index = 1; index < X_MAX; index = index + 1)
52          {
```

125

```
53          x2 = feld[index][0];
54          y2 = feld[index][1];
55          screen.drawLine(x1, y1, x2, y2);
56          x1 = x2;
57          y1 = y2;
58          screen.pause(MILLISEKUNDEN);
59       }
60    }
61
62    static void gleitenderDurchschnittBerechnen (int n)
63    {
64       int y, i, j, anzahl;
65       double summe, mittelwert;
66       for (i = n; i < X_MAX - n; i = i + 1)
67       {
68          summe = 0.0;
69          anzahl = 0;
70          for (j = i - n; j <= i + n; j = j + 1)
71          {
72             y = kursverlauf[j][1];
73             summe = summe + y;
74             anzahl = anzahl + 1;
75          }
76          mittelwert = summe / anzahl;
77          gleitenderDurchschnitt[i][1] = (int) mittelwert;
78       }
79    }
80 }
```

In diesem Beispiel wird konsequent von der Möglichkeit Gebrauch gemacht, Programmteile in Methoden auszulagern. Der *Algorithmus* wird zu einer *Baumstruktur* von Methodenaufrufen. Dieser *Methodenbaum*, dessen Wurzel stets die *main*-Methode ist, ist der Kern des sogenannten *Top-Down-Ansatzes* der *strukturierten Programmierung*.

- `screen.setTitle(titel)`: Passe den Titel des *EJE GraphicScreens* an!

- `kursverlaufBefuellen()`: Erzeuge den zufälligen Aktienkurs!

- `anzeigen(kursverlauf)`: Zeige den Aktienkursverlauf an!

- `gleitenderDurchschnittBerechnen(n)`: Berechne auf Basis des Aktienkursverlaufs die Kurve des gleitendenen Durchschnitts!

- `screen.setColor(farbe)`: Setze die Farbe um, so dass sich die Kurve des gleitenden Durchschnitts farblich von der Kurve des Aktienverlaufs abhebt!

- `anzeigen(gleitenderDurchschnitt)`: Zeige den Verlauf der Kurve des gleitenden Durchschnitts an!

4.2 Methoden mit Rückgabewert

Beim Erstellen des Programms InvertiererKommando in Kapitel 4.1 mussten wir einen *Seiteneffekt* nutzen, um auf das Ergebnis der Invertierung aus der Methode umdrehen in der aufrufenden *main*-Methode Zugriff zu erhalten. Das funktioniert, ist jedoch sicherlich kein guter Stil – geht es nicht auch eleganter? Ideal wäre es, folgenden Ausdruck formulieren zu können:

```
umgedrehteZeichenfolge = umdrehen(zeichenfolge,
                                  position - 1);
```

Die Methode umdrehen müsste dann jedoch statt als *Kommando* als *Abfrage* programmiert werden, so dass sie einen *Rückgabewert* liefert:

```
static char[] umdrehen (char[] feld, int n)
{
    char[] result = new char [n + 1];
    int i;
    for (i = 0; i <= n; i = i + 1)
    {
        result[i] = feld[n - i];
    }
    return result;
}
```

Folgende Merkmale unterscheiden eine *Abfrage* von einem *Kommando*:

- *Methodenkopf:* Statt void muss ein Rückgabetyp angegeben werden, hier char[].

- *Methodenrumpf:* Der Methodenrumpf muss mit der Anweisung return result abgeschlossen werden. result ist eine lokale Variable vom Typ des Rückgabewerts und wird stets direkt zu Beginn des Methodenrumpfs deklariert und initialisiert. Es wird *kein Seiteneffekt* erzeugt, d.h. kein *Kommando* aufgerufen.

Damit haben wir ein neues Schlüsselwort in Java kennengelernt: return.

- Das Schlüsselwort return weist Java an, die Methode, in dessen Rumpf diese Anweisung steht, sofort zu beenden und den hinter return stehenden Wert an die aufrufende Methode zurückzugeben.

In den folgenden Programmbeispielen werden wir nun das Erstellen von *Abfragen* üben.

4.2.1 P 37 : Invertieren eines Feldes durch Abfragen

Wir erstellen nun nochmals das Programm zum Invertieren einer Zeichenfolge, dieses Mal jedoch vermeiden wir den Seiteneffekt bei der Methode umdrehen, indem wir sie statt als *Kommando* als *Abfrage* programmieren.

Die Programmausgabe verändert sich dadurch nicht.

```
─────────────────── Konsolenfenster ───────────────────
Programm wird ausgeführt ...
1.Zeichen: A
2.Zeichen: B
3.Zeichen: C
4.Zeichen: D
5.Zeichen: x

umgekehrte Zeichenfolge: xDCBA

Programm beendet
```

Das Programm InvertiererAbfrage nutzt nun also zwei Arten von Methoden gleichzeitig: *Abfragen*, wie in Programmzeile 23

```
umgedrehteZeichenfolge = umdrehen(zeichenfolge,
                                  position - 1);
```

und *Kommandos*, wie in Programmzeile 25

```
ausgeben(umgedrehteZeichenfolge);
```

Wir können also beliebige Methoden in unserem Programm mischen, sollten dabei jedoch eines beachten: Eine *Abfrage* darf *niemals Seiteneffekte* auslösen! Ein *Kommando* hingegen verursacht *stets Seiteneffekte*!

Welchen Seiteneffekt verursacht die Methode ausgeben? Die übergebene Zeichenfolge bleibt doch unverändert!

Eine andere Umschreibung des Begriffs *Seiteneffekt* gibt uns die Antwort auf diese Frage: Ein *Seiteneffekt* verändert den *sichtbaren Zustand* des Programms.

Und das ist bei der Methode ausgeben definitiv der Fall: Die Ausgabe im Konsolenfenster verändert sich mit jedem Aufruf des *Kommandos* ausgeben. Die *Abfrage* umdrehen hingegen muss so programmiert sein, dass sie weder die Ausgabe auf der Konsole noch den Inhalt des übergebenen Parameters zeichenfolge verändert.

```
 1  import Prog1Tools.*;
 2
 3  public class InvertiererAbfrage
 4  {
 5      public static final int MAX_ANZ_ZEICHEN = 10;
 6
 7      public static void main (String[] args)
 8      {
 9          char zeichen = ' ';
10          char[] zeichenfolge = new char [MAX_ANZ_ZEICHEN];
11          char[] umgedrehteZeichenfolge;
12          int  position = 0;
13          while ((zeichen != 'x') && (zeichen != 'X') &&
14                 (position < MAX_ANZ_ZEICHEN))
15          {
16              zeichen = IOTools.readChar (position +
17                                        1 + ".Zeichen: ");
18              zeichenfolge [position] = zeichen;
19              position = position + 1;
20          }
21          System.out.println ();
22          System.out.print ("umgekehrte Zeichenfolge: ");
23          umgedrehteZeichenfolge = umdrehen(zeichenfolge,
24                                              position - 1);
25          ausgeben(umgedrehteZeichenfolge);
26      }
27
28      static char[] umdrehen (char[] feld, int n)
29      {
30          char[] result = new char [n + 1];
31          int i;
32          for (i = 0; i <= n; i = i + 1)
33          {
34              result[i] = feld[n - i];
35          }
36          return result;
37      }
38
39      static void ausgeben(char[] feld)
40      {
41          int i;
42          for (i = 0; i < feld.length; i = i + 1)
43          {
44              System.out.print(feld[i]);
45          }
46          System.out.println();
47      }
48  }
```

4.2.2 P 38 : Sinuskurve auf dem TextScreen

Die Mathematik kennt das exakte Pendant zur *Abfrage*: Die *Funktion*. Ein visuell ansprechendes Beispiel für eine mathematische Funktion ist die Sinusfunktion.

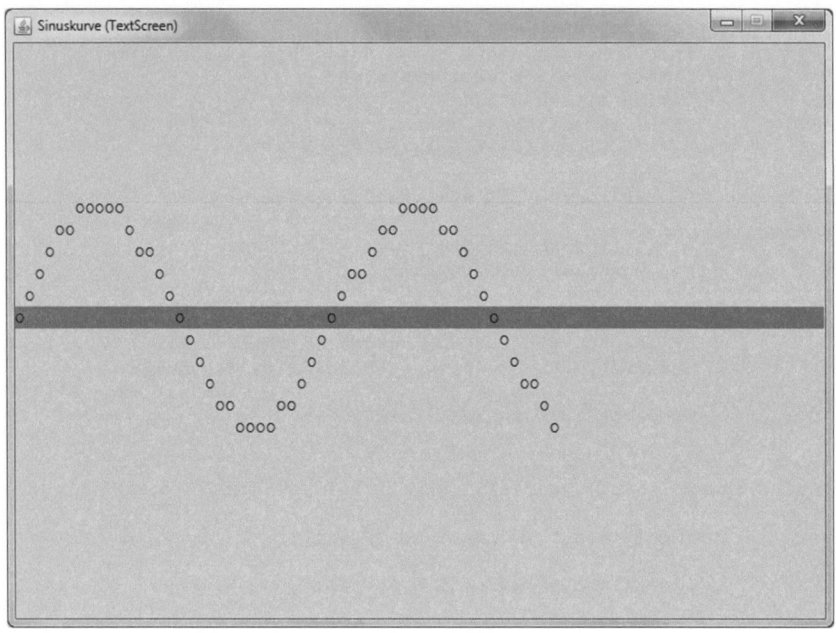

Abb. 4.3: *EJE TextScreen* nach Abschluss der Ausführung des Programms SinuskurveTextScreen

Wie zeichnet man eine dunkelgraue Linie von Zelle (12, 0) bis Zelle (12, 79)? Dies geschieht mit Hilfe des Kommandos drawline des EJE TextScreens:

```
screen.drawLine(12, 0, 12, 79);
```

Und welche Klasse stellt uns in Java eine Sinusfunktion zur Verfügung? Die Klasse Math, die zum Grundsprachumfang von Java gehört und uns somit ohne zusätzliche import-Anweisung sofort zur Verfügung steht:

```
zeile = 12 - (int) Math.round(y * 5.0);
```

```
 1  import Prog1Tools.*;
 2
 3  public class SinuskurveTextScreen
 4  {
 5      public static void main (String[] args)
 6      {
 7          TextScreen screen = TextScreen.getInstance();
 8          final int MILLISEKUNDEN = 50;
 9          double x = 0.0;
10          double y = 0.0;
11          int zeile = 0;
12          int spalte = 0;
13
14          screen.setTitle("Sinuskurve (TextScreen)");
15          screen.drawLine(12, 0, 12, 79);
16          while (spalte < 80)
17          {
18              x = spalte / 5.0;
19              y = Math.sin(x);
20              zeile = 12 - (int) Math.round(y * 5.0);
21              screen.write(zeile, spalte, "0");
22              screen.pause(MILLISEKUNDEN);
23              spalte = spalte + 1;
24          }
25      }
26  }
```

Dieses Programmbeispiel ist erstaunlich kurz. Hier zeigt sich ein weiterer Vorteil von Methoden: Wir können sie nicht nur innerhalb des eigenen Programms auslagern, wir können sie auch in andere *Klassen* auslagern, die bei Bedarf importiert werden und damit auf einfache Art und Weise mit Hilfe der import-Anweisung den uns zur Verfügung stehenden Methodenumfang erweitern.

Wir selbst müssen dann nur noch relativ wenig programmieren und sind Nutznießer bereits bestehender Methoden.

Die Java-Klassenbibliothek besteht aus *mehreren tausend Klassen* mit insgesamt *mehreren zehntausend Methoden*!

Damit löst Java ein zentrales Versprechen der Objektorientierung ein: Die *Wiederverwendbarkeit* von Software-Bausteinen.

4.2.3 P 39 : Sinuskurve auf dem GraphicScreen

Der *EJE GraphicScreen* ist dank seiner um ein Vielfaches höheren Auflösung deutlich besser geeignet, mathematische Funktionen wie die Sinusfunktion darzustellen.

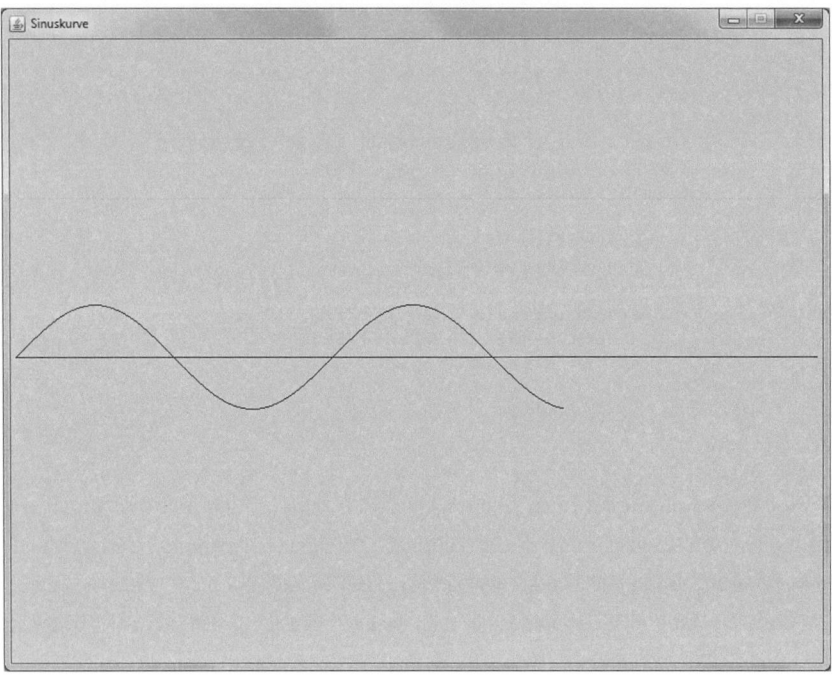

Abb. 4.4: *EJE GraphicScreen* nach Abschluss der Ausführung des Programms SinuskurveGraphicScreen

Das Programm bleibt kurz und übersichtlich und lädt dazu ein, durch Ersetzen der Programmzeile 22

```
y = Math.sin(x);
```

durch andere *Funktionen* (*Abfragen*) der *Klasse* Math zu experimentieren: die Kosinusfunktion heißt cos, die Wurzelfunktion sqrt und die Tangensfunktion tan.

```
 1  import Prog1Tools.*;
 2
 3  public class SinuskurveGraphicScreen
 4  {
 5      public static void main (String[] args)
 6      {
 7          GraphicScreen screen = GraphicScreen.getInstance();
 8          final int MILLISEKUNDEN = 5;
 9          double x = 0.0;
10          double y = 0.0;
11          int x1 = 0;
12          int y1 = 300;
13          int x2 = x1;
14          int y2 = y1;
15          final int SCHRITTLAENGE = 1;
16
17          screen.setTitle("Sinuskurve");
18          screen.drawLine(x1, y1, 800, y2);
19          while (x2 <= 800)
20          {
21              x = x2 / 50.0;
22              y = Math.sin(x);
23              y2 = 300 - (int) Math.round(y * 50.0);
24              screen.drawLine(x1, y1, x2, y2);
25              screen.pause(MILLISEKUNDEN);
26              x1 = x2;
27              y1 = y2;
28              x2 = x2 + SCHRITTLAENGE;
29          }
30      }
31  }
```

Experiment P39:

1. Stellen Sie die Programmzeile 22

$$y = \texttt{Math.sin(x)};$$

von der sin-Funktion auf die cos-Funktion um!

Was fällt Ihnen bei der Programmausführung auf? Woher rührt das beobachtete Problem? Und wie kann man dieses Problem lösen?

2. Stellen Sie die Programmzeile 22

$$y = \texttt{Math.sin(x)};$$

von der sin-Funktion auf die tan-Funktion um, um den Erfolg Ihrer Programman-passungen zu testen!

133

4.2.4 P 40 : Römischer Taschenrechner

Kann man mit römischen Zahlen rechnen? Wenn man im Hintergrund die Operanden in das Dezimalsystem umrechnet, das Ergebnis des Ausdrucks berechnet und dann das Ergebnis wieder als römische Zahl ausgeben lässt, dann lautet die Antwort: Ja!

Wir möchten nun einen römischen Taschenrechner programmieren, der die vier Grundrechenarten beherrscht: Addition, Subtraktion, Multiplikation und ganzzahlige Division.

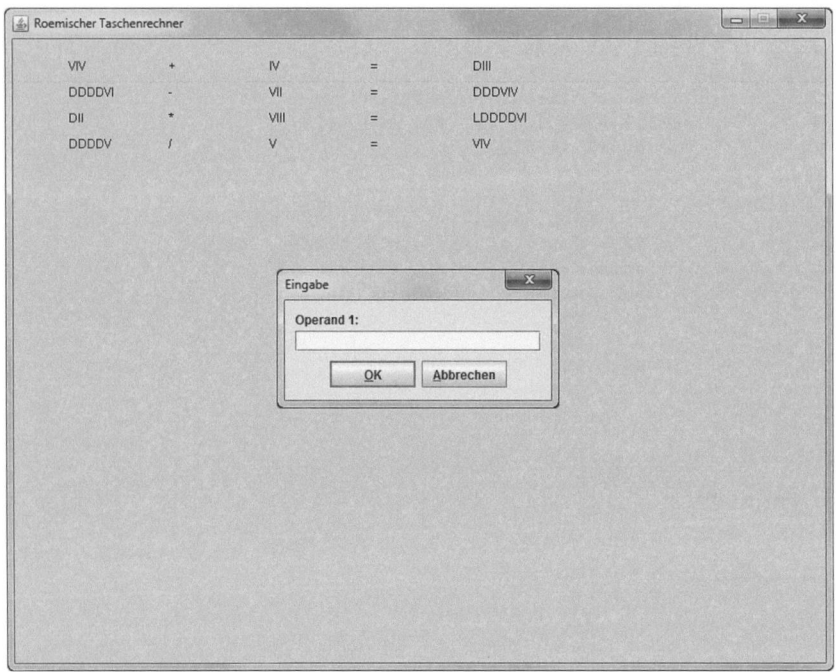

Abb. 4.5: *EJE GraphicScreen* bei der Ausführung des Programms RoemischerTaschenrechner

Die Eingabe des zu berechnenden Ausdrucks erfolgt stets nach dem gleichen Schema:

1. Eingabe des ersten Operanden als Dezimalzahl vom Typ int.

2. Eingabe des Operators +, -, * oder /.

3. Eingabe des zweiten Operanden als Dezimalzahl vom Typ `int`.

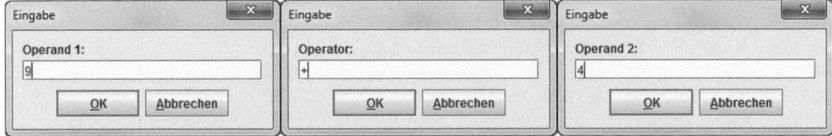

Abb. 4.6: Eingabe des ersten Operanden, dann des Operators und des zweiten Operanden

```
 1   import Prog1Tools.*;
 2
 3   public class RoemischerTaschenrechner
 4   {
 5       public static void main (String[] args)
 6       {
 7           final int R1_SPALTE = 50;
 8           final int OP_SPALTE = 150;
 9           final int R2_SPALTE = 250;
10           final int EQ_SPALTE = 350;
11           final int R3_SPALTE = 450;
12           final int ABSTAND   = 25;
13           GraphicScreen screen = GraphicScreen.getInstance();
14           int d1, d2, d3, n;
15           char op;
16           String r1, r2, r3;
17
18           n = 1;
19           screen.setTitle("Roemischer Taschenrechner");
20           do
21           {
22               d1 = screen.readInt("Eingabe", "Operand 1: ");
23               op = screen.readChar("Eingabe", "Operator: ");
24               d2 = screen.readInt("Eingabe", "Operand 2: ");
25               d3 = berechne(d1, d2, op);
26               r1 = roemischeZahl(d1);
27               r2 = roemischeZahl(d2);
28               r3 = roemischeZahl(d3);
29               if (op == '+' || op == '-' ||
30                   op == '*' || op == '/' || op == '%')
31               {
32                   screen.drawText(R1_SPALTE, ABSTAND*n, r1);
33                   screen.drawText(OP_SPALTE, ABSTAND*n, ""+op);
34                   screen.drawText(R2_SPALTE, ABSTAND*n, r2);
35                   screen.drawText(EQ_SPALTE, ABSTAND*n, "=");
```

135

```
36              screen.drawText(R3_SPALTE, ABSTAND*n, r3);
37          }
38          n = n + 1;
39      } while (n < 10 && op != (char)0);
40  }
41
42  static String roemischeZahl(int z)
43  {
44      String result = "";
45      while (z >= 1000)
46      {
47          result = result + "M";
48          z = z - 1000;
49      }
50      while (z >= 500)
51      {
52          result = result + "D";
53          z = z - 500;
54      }
55      while (z >= 100)
56      {
57          result = result + "C";
58          z = z - 100;
59      }
60      while (z >= 50)
61      {
62          result = result + "L";
63          z = z - 50;
64      }
65      while (z >= 10)
66      {
67          result = result + "X";
68          z = z - 10;
69      }
70      while (z >= 5)
71      {
72          result = result + "V";
73          z = z - 5;
74      }
75      while (z >= 4)
76      {
77          result = result + "IV";
78          z = z - 4;
79      }
80      while (z >= 1)
81      {
82          result = result + "I";
83          z = z - 1;
84      }
85      return result;
86  }
87
```

```
88    static int berechne (int op1, int op2, char operand)
89    {
90         int result = 0;
91         if (operand == '+')
92         {
93              result = op1 + op2;
94         }
95         else if (operand == '-')
96         {
97              result = op1 - op2;
98         }
99         else if (operand == '*')
100        {
101             result = op1 * op2;
102        }
103        else if (operand == '/')
104        {
105             result = op1 / op2;
106        }
107        else if (operand == '%')
108        {
109             result = op1 % op2;
110        }
111        return result;
112   }
113 }
```

Das Programm beruht auf den beiden *Abfragen* roemischeZahl und berechne:

■ Die Abfrage

```
static String roemischeZahl(int z)
```

erzeugt die Darstellung der als Methodenparameter übergebenen Dezimalzahl z als römische Zahl in Form eines String in der Ergebnisvariablen result und gibt result mit Hilfe der return-Anweisung zurück.

■ Die Abfrage

```
static int berechne (int op1, int op2, char operand)
```

berechnet das Ergebnis des durch die Methodenparameter op1, op2 und operand definierten Terms, speichert es in der Ergebnisvariablen result vom Typ int und gibt das Ergebnis mit Hilfe der return-Anweisung zurück.

Die Berechnung des Ergebnisses lässt sich bei beiden Methoden sehr gut durch einfaches Verfolgen der Zuweisungen an die Ergebnisvariable result nachvollziehen.

4.3 Rekursive Methoden

In den vorangegangenen Programmbeispielen haben wir gesehen, dass wir innerhalb einer Methode auch wieder *andere* Methoden aufrufen können. Wenn die aufgerufene Methode abgearbeitet ist, kehrt die Ausführung wieder zur aufrufenden Methode zurück.

Funktioniert das auch, wenn die Methode nicht eine *andere* Methode aufruft, sondern *sich selbst*?

Diese *rekursiven*, d.h. *auf sich selbst bezogenen* Aufrufe sind in Java erlaubt – und sie führen zu erstaunlich einfachen Lösungen von komplexen Problemen! Welcher Typus von Problemen kann mit rekursiven Algorithmen angegangen werden?

Probleme, die mit Hilfe eines *rekursiven Algorithmus* gelöst werden können, müssen folgende Eigenschaften aufweisen:

1. Die Lösung des Problems muss *selbstähnlich* sein, d.h. das Problem muss in kleinere Probleme herunterbrechbar sein, die dem Ursprungsproblem sehr ähnlich sind.

2. Der rekursive Algorithmus muss eine *Abbruchbedingung* kennen, so dass der Algorithmus nicht unendlich lange weiterläuft, sondern terminiert.

Gibt es solche Problemen überhaupt?

Es gibt mehr solcher rekursiv lösbaren Probleme, als wir auf Anhieb vermuten, wie die folgenden Beispiele zeigen werden.

Ist eine *rekursive* Methode ein *Kommando* oder eine *Abfrage*?

Eine rekursive Methode ist eine Methode, die sich selbst aufruft.

Ob es sich um eine *Abfrage* oder um ein *Kommando* handelt, spielt primär *keine Rolle*. Die Eigenschaft, sich selbst aufzurufen, ist die entscheidende! Alles andere entspricht dem uns vertrauten Methodenbegriff, das heißt: Eine rekursive Methode ist entweder ein *Kommando* oder eine *Abfrage*, jedoch niemals beides zugleich!

4.3.1 P 41 : Fakultät

Der Klassiker unter den rekursiven Methoden ist die Fakultätsfunktion der Mathematik, d.h. eine *Abfrage*. Wir wollen nun das Programm Fakultaet erstellen, das vom Benutzer die Ganzzahl *n* erfragt und dann die Fakultät von *n* – in der Mathematik ausgedrückt als *n!* – berechnet. So ist beispielsweise die Fakultät von *3* das Ergebnis von: $3*2*1 = 6$.

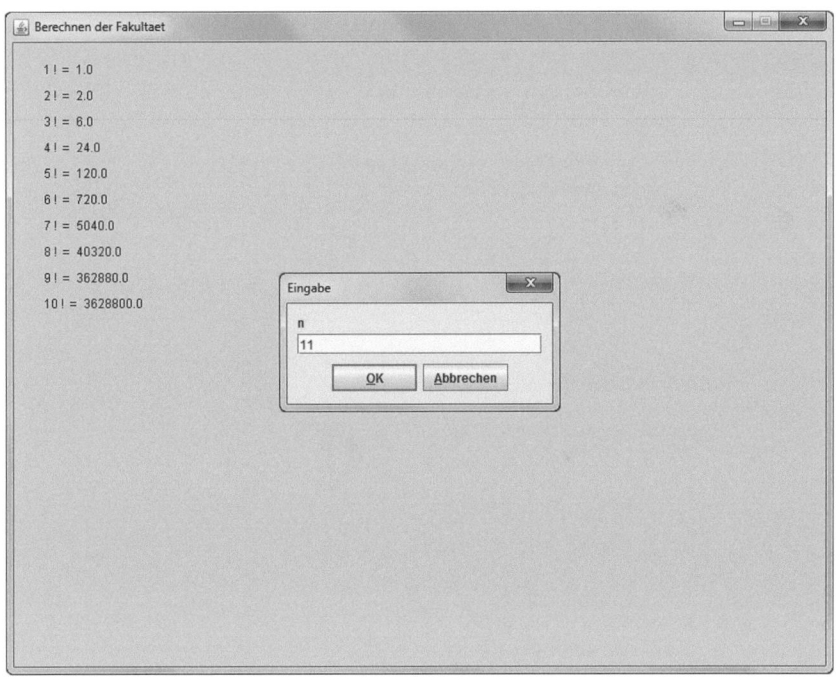

Abb. 4.7: *EJE GraphicScreen* bei der Ausführung des Programms Fakultaet

Um ein wenig mit der Fakultätsfunktion experimentieren zu können, geben wir das Ergebnis auf dem *EJE GraphicScreen* aus und fragen den Benutzer gleich nach der nächsten Ganzzahl, für die die Fakultät berechnet werden soll. Die Eingabeaufforderung endet, sobald der Benutzer den *Abbrechen*-Schalter betätigt oder eine 0 eingibt.

```
 1  import Prog1Tools.*;
 2
 3  public class Fakultaet
 4  {
 5      public static void main (String[] args)
 6      {
 7          GraphicScreen screen = GraphicScreen.getInstance();
 8          int n, i;
 9          double ergebnis;
10
11          screen.setTitle("Berechnen der Fakultaet");
12          i = 1;
13          do
14          {
15              n = screen.readInt("Eingabe", "n");
16              if (n >= 0)
17              {
18                  ergebnis = fakultaet(n);
19                  screen.drawText(25, 25 * i,
20                                  n + " ! = " + ergebnis);
21              }
22              i = i + 1;
23          } while(n > 0);
24
25      }
26
27      static double fakultaet (int n)
28      {
29          double result = 0.0;
30          if (n == 0)
31          {
32              result = 1.0;
33          }
34          if (n == 1)
35          {
36              result = 1.0;
37          }
38          else if (n > 1)
39          {
40              result = n * fakultaet(n - 1);
41          }
42          return result;
43      }
44  }
```

Der Kern des Programms Fakultaet ist die rekursive Methode fakultaet, die sich in Programmzeile 40 selbst aufruft und damit den rekursiven Charakter herstellt. Der Rückgabetyp double ist notwendig, da der Ergebniswert schnell wächst.

Überprüfen wir nun die Anforderungen *Selbstähnlichkeit* und das Vorhandensein einer *Abbruchbedingung*, die wir an eine rekursive Methode als Umsetzung eines rekursiven Algorithmus stellen müssen, damit sie auch wirklich funktioniert.

```
static double fakultaet (int n)
{
    double result = 0.0;
    if (n == 0)
    {
        result = 1.0;
    }
    if (n == 1)
    {
        result = 1.0;
    }
    else if (n > 1)
    {
        result = n * fakultaet(n - 1);
    }
    return result;
}
```

Die *Selbstähnlichkeit* ist erfüllt durch die Programmzeile 40:

```
        result = n * fakultaet(n - 1);
```

Diese Zeile kann wie folgt gelesen werden:

"Die Antwort auf die Frage nach der Fakultät von *n* ist:
Multipliziere *n* mit der Fakultät von *n - 1*."

Das Problem *Berechne die Fakultät von n* wird also auf das selbstähnliche Problem *Berechne die Fakultät von n - 1* zurückgeführt.

Die *Abbruchbedingung* ist erfüllt durch beiden if-Bedingungen: Wenn *n* gleich 0 ist, dann ist das Ergebnis per Definition 1. Und wenn *n* gleich 1 ist, dann ist das Ergebnis ebenfalls per Definition 1. Negative Werte für *n* sind per Definition unzulässig. Da *n* mit jedem rekursiven Aufruf abnimmt, werden diese Abbruchbedingungen für alle Eingaben von *n* >= *0* erreicht.

4.3.2 P 42 : Zeichenketten rückwärts ausgeben (rekursive Variante)

Rekursive Lösungen sind den bislang gewohnten *iterativen* – also durch *Schleifen* ab-
gebildeten – Problemen meist in doppelter Hinsicht überlegen: Sie sind deutlich *kürzer*
und besitzen eine *deskriptive* – also eine *beschreibende* – Natur! Untersuchen wir diese Behauptung anhand unseres bereits wohlbekannten Problems des Invertierens einer
Zeichenkette: Wie kann man eine *beliebig lange* Zeichenkette einlesen und wieder rückwärts ausgeben, ohne ein Feld oder einen String zu benutzen?

Das Programm[3] soll den bereits bekannten Ablauf zeigen:

```
───────────────── Konsolenfenster ─────────────────
Programm wird ausgeführt ...
1.Zeichen: A
2.Zeichen: B
3.Zeichen: C
4.Zeichen: D
5.Zeichen: x

Die umgekehrte Zeichenfolge lautet: xDCBA
Programm beendet
```

```java
 1  import Prog1Tools.*;
 2
 3  public class InvertiererRekursiv
 4  {
 5      public static void main (String[] args)
 6      {
 7          invertieren (1);
 8      }
 9
10      static void invertieren (int pos)
11      {
12          char z;
13          z = IOTools.readChar (pos + ".Zeichen: ");
14          if ((z == 'X') || (z == 'x'))
15          {
16              System.out.println ();
17              System.out.print ("umgekehrte Zeichenfolge: ");
18          }
19          else
20          {
21              invertieren (pos + 1);
22          }
23          System.out.print (z);
24      }
25  }
```

---

[3]Inspiration: *Schauer, H.: PASCAL für Anfänger. 4. Aufl., München : Oldenbourg-Verl., 1982, S. 120*

Die Lösung ist in der Tat kurz und prägnant. In diesem Beispiel haben wir es offensichtlich mit einem *Kommando* zu tun, da der Rückgabewert der Methode `void` ist und innerhalb der Methode mit dem *Kommando* `print` in das Konsolenfenster geschrieben wird (*Seiteneffekt*). Überprüfen wir nun zuerst wieder die Anforderungen *Selbstähnlichkeit* und das Vorhandensein einer *Abbruchbedingung*.

Die *Selbstähnlichkeit* ist erfüllt durch die Programmzeile 21:

```
invertieren (pos + 1);
```

Das Problem des Invertierens einer Zeichenfolge der Länge n wird demnach zurückgeführt auf das selbstähnliche Problem des Invertierens einer Zeichenfolge der Länge $n + 1$.

Die *Abbruchbedingung* ist erfüllt durch die Programmzeile 14:

```
if ((z == 'X') || (z == 'x'))
```

Nach der Eingabe von *beliebig vielen* Zeichen wird die Abbruchbedingung erfüllt, sobald der Benutzer das Zeichen `'X'` oder `'x'` eingibt.

Wie jedoch funktioniert das Programm? Warum reicht eine einzige lokale Variable z aus, um *beliebig viele* Zeichen darin zu speichern?

Führen wir uns nochmals vor Augen, was passiert, wenn wir eine Methode aufrufen: Die aufrufende Methode wartet, bis die aufgerufene Methode vollständig abgearbeitet ist und den Kontrollfluss wieder an die aufrufende Methode zurückgibt, so dass sie mit der nächsten Programmzeile fortfahren kann. Alle lokalen Variablen der aufrufenden Methode bleiben dabei erhalten.

Genau dieses

Ich merke mir meinen Zustand und warte, bis die aufgerufene Methode fertig ist!

ist der Kern unserer Lösung: Wir lesen ein Zeichen ein, speichern es in der lokalen Variable z ab, und prüfen, ob z die Abbruchbedingung erfüllt. Ist die Abbruchbedingung nicht erfüllt, dann rufen wir uns selbst auf und warten, bis wir den Kontrollfluss zurück erhalten. Wenn der Kontrollfluss wieder an uns zurückgegeben wurde, dann geben wir einfach noch das in z gespeicherte Zeichen auf der Konsole aus und geben den Kontrollfluss zurück an die Methode, die wiederum uns aufgerufen hat.

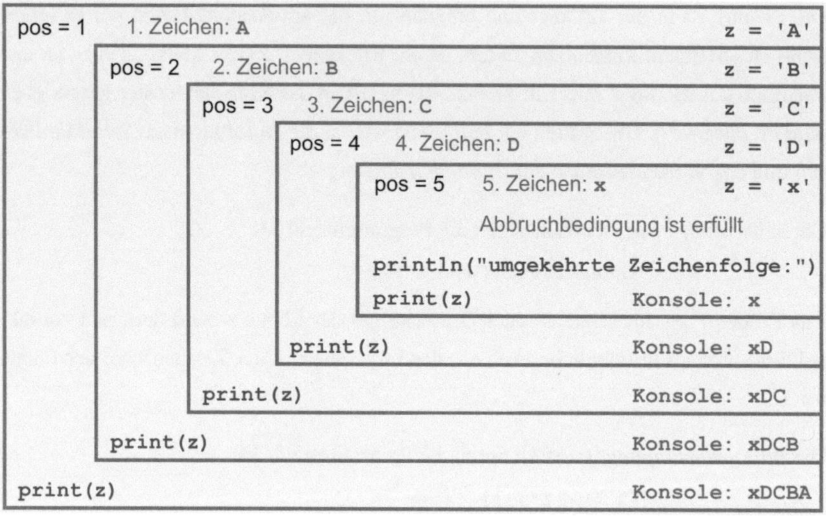

```
pos = 1    1. Zeichen: A                                          z = 'A'
    pos = 2    2. Zeichen: B                                       z = 'B'
        pos = 3    3. Zeichen: C                                   z = 'C'
            pos = 4    4. Zeichen: D                               z = 'D'
                pos = 5    5. Zeichen: x              z = 'x'
                    Abbruchbedingung ist erfüllt
                    println("umgekehrte Zeichenfolge:")
                    print(z)                        Konsole: x
                print(z)                            Konsole: xD
            print(z)                                Konsole: xDC
        print(z)                                    Konsole: xDCB
    print(z)                                        Konsole: xDCBA
```

Abb. 4.8: Verschachtelung der rekursiven Aufrufe der Methode invertieren

Auf diese Weise schachtelt sich ein Methodenaufruf von invertieren nach dem anderen ineinander, bis der Benutzer endlich das Zeichen 'X' oder 'x' eingibt, so dass die zuletzt aufgerufene und damit in der Verschachtelung ganz innen liegende Methode einen Zeilenumbruch (Programmzeile 16) und den Schriftzug "umgekehrte Zeichenfolge: " auf der Konsole ausgibt. Dann muss sie lediglich noch die Programmzeile 23 ausführen, d.h. das Zeichen z ohne Zeilenumbruch auf der Konsole ausgeben und gibt den Kontrollfluss an die aufrufende Methode zurück.

Diese aufrufende Methode tut nun auch nichts anderes, als lediglich noch das Zeichen z ohne Zeilenumbruch auf der Konsole auszugeben und gibt dann ihrerseits den Kontrollfluss an die sie aufrufende Methode zurück.

Auf diese Weise löst sich die durch die Rekursion aufgebaute Verschachtelung von Methodenaufrufen von innen nach außen auf, bis die *main*-Methode wieder erreicht ist und das Programm sich beendet. Da jede Verschachtelungsebene vor der Rückgabe des Kontrollflusses noch das in ihr gespeicherte Zeichen z auf der Konsole ausgibt, erscheinen die Zeichen nun in der umgekehrten Reihenfolge auf der Konsole.

4.3.3 P 43 : Zahlenfolgen rekursiv sortieren mit QuickSort

Wenn das Umdrehen einer Zeichenfolge nicht nur *iterativ* in Schleifen, sondern auch *rekursiv* durch Aufrufe von sich selbst erfolgen kann: Gibt es dann auch einen Sortier-Algorithmus, der statt *iterativ* wie der *BubbleSort*-Algorithmus *rekursiv* arbeitet?

Ja, es gibt ihn. Sein Name: *QuickSort*. Und in diesem Namen steckt ein Versprechen: Dieser Algorithmus ist schnell (engl.: quick), schneller als der *BubbleSort*-Algorithmus![4]

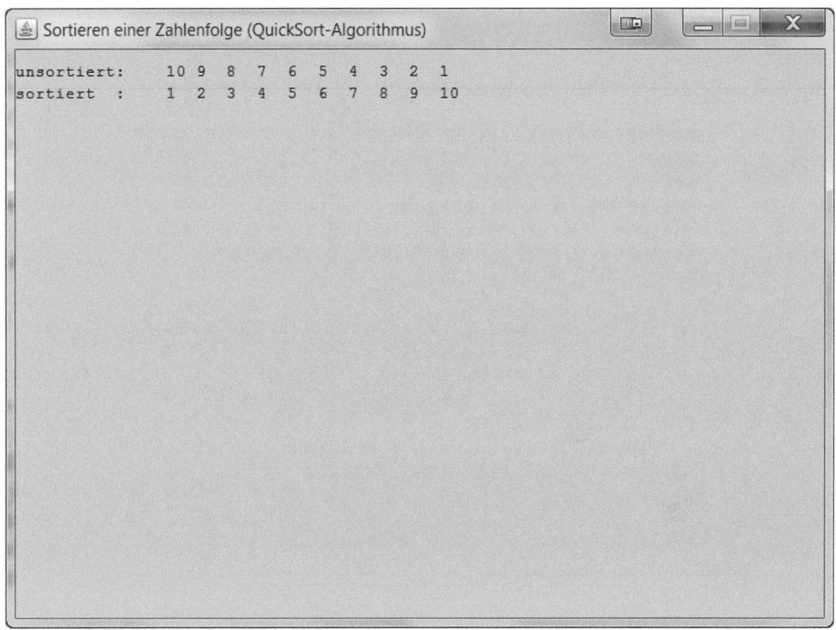

Abb. 4.9: *EJE TextScreen* bei der Ausführung des Programms QuickSortTextScreen

Auch bei diesem Programm können wir dem Sortier-Algorithmus bei der Arbeit zuschauen: Durch das Überschreiben von Zeichen auf dem *EJE TextScreen* entsteht ein Animationseffekt, der – wenn wir den Wert für MILLISEKUNDEN hoch genug setzen – uns Schritt für Schritt nachvollziehen lässt, wie dieser rekursive Algorithmus arbeitet.

---

[4]*Cormen T.H. et al.: Algorithmen - eine Einführung. 3. Aufl. München : Oldenbourg-Wiss.verlag., 2010*

```
 1  import Prog1Tools.*;
 2
 3  public class QuickSortTextScreen
 4  {
 5      static final int MILLISEKUNDEN = 50;
 6      static final int ZEILE_UNSORTIERT = 0;
 7      static final int ZEILE_SORTIERT = 1;
 8      static final int SPALTE_FOLGE = 15;
 9      static final int ABSTAND = 3;
10      static TextScreen screen = TextScreen.getInstance();
11
12      public static void main (String[] args)
13      {
14          int [] feld = { 10, 9, 8, 7, 6, 5, 4, 3, 2, 1 };
15
16          screen.setTitle("Sortieren einer Zahlenfolge " +
17                              "(QuickSort-Algorithmus)");
18          screen.write(ZEILE_UNSORTIERT, 0, "unsortiert:");
19          ausgeben(ZEILE_UNSORTIERT,SPALTE_FOLGE,ABSTAND,feld);
20          screen.write(ZEILE_SORTIERT, 0, "quickSort :");
21          quickSort(0, feld.length - 1, feld);
22          ausgeben(ZEILE_SORTIERT,SPALTE_FOLGE,ABSTAND,feld);
23          screen.write(ZEILE_SORTIERT, 0, "sortiert  :");
24      }
25
26      static void ausgeben(int z, int s, int abstand, int [] a)
27      {
28
29          for (int i = 0; i < a.length; i = i + 1)
30          {
31              screen.write(z, s + i * abstand, a[i] + " ");
32              screen.pause(MILLISEKUNDEN);
33          }
34      }
35
36      static void quickSort (int l, int r, int [] a)
37      {
38          int g, i, j;
39
40          i = l;
41          j = r;
42          g = a[i];
43          ausgeben(ZEILE_SORTIERT, SPALTE_FOLGE, ABSTAND, a);
44          do
45          {
46              while (a[j] >= g && i < j)
47              {
48                  j = j - 1;
49              }
50              a[i] = a[j];
51              while (a[i] <= g && i < j)
52              {
```

```
53              i = i + 1;
54          }
55          a[j] = a[i];
56      } while (i != j);
57      a[i] = g;
58      if (l < i - 1)
59      {
60          quickSort(l, i - 1, a);
61      }
62      if (i + 1 < r)
63      {
64          quickSort(i + 1, r, a);
65      }
66  }
67 }
```

Der *QuickSort*-Algorithmus mag sehr effizient und daher schnell sein. Von einer *deskriptiven* Stärke ist in diesem Beispiel jedoch wenig zu spüren: Der Algorithmus, nach dem *QuickSort* arbeitet, erschließt sich uns nicht auf den ersten Blick.

In Wikipedia[5] finden wir folgende Erklärung zum *QuickSort*-Algorithmus:

„Zunächst wird die zu sortierende Liste in zwei Teillisten (*linke* und *rechte* Teilliste) getrennt. Dazu wählt Quicksort ein sogenanntes Pivotelement aus der Liste aus. Alle Elemente, die kleiner als das Pivotelement sind, kommen in die linke Teilliste, und alle, die größer sind, in die rechte Teilliste. Die Elemente, die gleich dem Pivotelement sind, können sich beliebig auf die Teillisten verteilen. Nach der Aufteilung sind die Elemente der linken Liste kleiner oder gleich den Elementen der rechten Liste.

Anschließend muss man also nur noch jede Teilliste in sich sortieren, um die Sortierung zu vollenden. Dazu wird der Quicksort-Algorithmus jeweils auf der linken und auf der rechten Teilliste ausgeführt. Jede Teilliste wird dann wieder in zwei Teillisten aufgeteilt und auf diese jeweils wieder der Quicksort-Algorithmus angewandt, und so fort. Diese Selbstaufrufe werden als Rekursion bezeichnet. Wenn eine Teilliste der Länge eins oder null auftritt, so ist diese bereits sortiert und es erfolgt der Abbruch der Rekursion, d. h. für diese Teilliste wird Quicksort nicht mehr aufgerufen."

Das bedeutet für uns: Alle aus den Vorgängerbeispielen bereits bekannten Anforderungen an eine rekursive Lösung sind erfüllt. Das Verfahren ist *selbstähnlich* und es verfügt über eine *Abbruchbedingung*.

---

[5]Internet-Abzug vom Juli 2011; Quelle: http://de.wikipedia.org/wiki/Quicksort

4.3.4 P 44 : Faden der Ariadne

Wie findet man den Weg aus einem Labyrinth, ohne sich hoffnungslos darin zu verirren? Anders herum gefragt: Wie muss ein Algorithmus aussehen, der uns den Weg aus einem Labyrinth weist, ohne ein- und denselben Pfad aus diesem Labyrinth mehr als einmal zu beschreiten?

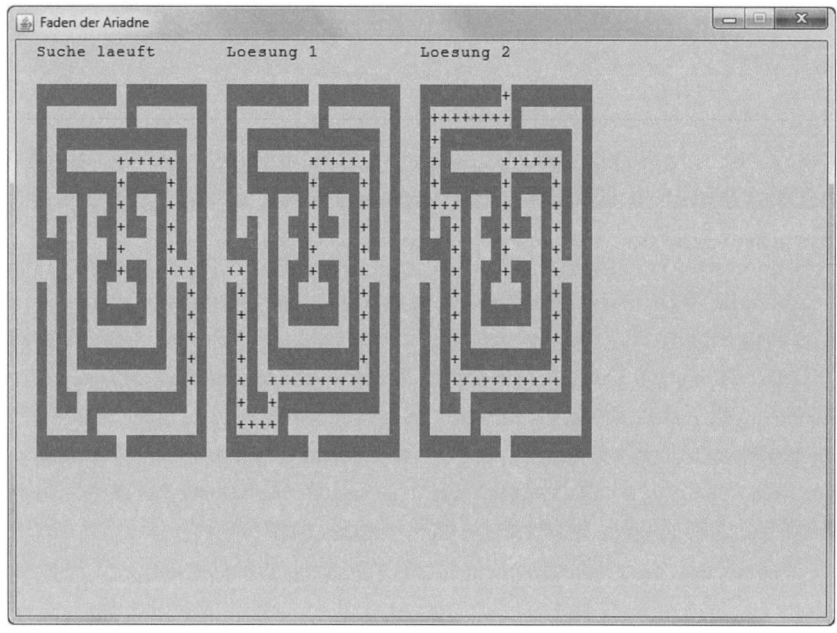

Abb. 4.10: *EJE TextScreen* bei der Ausführung des Programms FadenDerAriadne

Die griechische Mythologie gibt mit dem *Faden der Ariadne* die Lösungsidee vor: Die griechische Prinzessin *Ariadne*, Tochter des *Minos*, dem König von Kreta, gab dem Helden *Theseus* einen Faden, den dieser auf seinem Weg durch das Labyrinth des Minotauros hinter sich abrollte und so den Weg zurück aus dem Labyrinth fand. Wie in Abbildung 4.10 dargestellt, wollen wir nun diesen antiken Algorithmus nutzen, um den bzw. die Wege aus einem gegebenen Labyrinth zu finden. Die einfache Regel lautet: Wo wir bereits entlang gegangen sind, dort gehen wir nicht nochmals entlang, da wir diesen Weg bereits untersucht haben. Dazu markieren wir beim Vorwärtsgehen jede passierte „Wegplatte" (Zelle im *EJE TextScreen*) mit einem +-Zeichen. Wenn wir am Ende dieses so markierten Pfades ein Tor aus dem Labyrinth hinaus finden, dann geben wir die gefundene Lösung auf den *EJE TextScreen* rechts versetzt aus. Wenn wir einen Schritt zurück gehen, dann löschen wir die Markierung in der Zelle.

Wie stellen wir nun sicher, dass wir wirklich alle möglichen Pfade, die von dem Mittelpunkt des Labyrinths aus denkbar sind, abgegangen sind? Die Antwort heißt: Wir nutzen die Macht der Rekursion. Die sehr anschauliche rekursive Beschreibung[6] lautet:

```
findeWeg(x+1, y, m); // gehe nach Sueden
findeWeg(x, y+1, m); // gehe nach Osten
findeWeg(x-1, y, m); // gehe nach Norden
findeWeg(x, y-1, m); // gehe nach Westen
```

In natürlicher Sprache bedeutet dies:

„Du findest einen Weg aus dem Labyrinth ausgehend von Deiner aktuellen Zelle (x, y), wenn Du einen Weg aus dem Labyrinth ausgehend von einer der benachbarten Zellen im Süden (x+1, y), Osten (x, y+1), Norden (x-1, y) oder Westen (x, y-1) findest."

Mit dieser Beschreibung ist das Prinzip der *Selbstähnlichkeit* erfüllt.

Wie steht es um die *Abbruchbedingung*? Woran können wir erkennen, dass wir einen *Weg aus dem Labyrinth* gefunden haben bzw. in eine *Sackgasse* geraten sind? Eine *Sackgasse* erkennen wir daran, dass wir – ausgehend von der aktuellen Zelle – keine benachbarte Zelle im Süden, Osten, Norden oder Westen finden, die noch begehbar wäre, das heißt: Die *leer* und damit weder mit dem +-Zeichen markiert noch durch eine Wand verbaut ist. Programmzeile 59 drückt dies so aus:

```
if (m[x][y].equals(LEER)) // Standort leer
```

Ein *Weg aus dem Labyrinth* haben wir genau dann gefunden, wenn die in Programmzeile 62 ausgedrückte Bedingung erfüllt ist:

```
if (x % M == 0 || y % M == 0)
```

---

[6]Inspiration: *Schauer, H.: PASCAL für Anfänger. 4. Aufl., München : Oldenbourg-Verl., 1982, S. 124*

149

```
 1  import Prog1Tools.*;
 2
 3  public class FadenDerAriadne
 4  {
 5      static final int MILLISEKUNDEN = 10;
 6      static final int N = 17;
 7      static final int ZEILE = 2;
 8      static final int SPALTE = 2;
 9      static final int ABSTAND = 2;
10      static final String WAND = "X";
11      static final String LEER = " ";
12      static final int MAX_LOESUNGEN = 3;
13      static TextScreen screen = TextScreen.getInstance();
14      static int loesungen = 0;
15
16
17      public static void main (String[] args)
18      {
19          String[][] m = new String[N][N];
20          CSVFile datei = new CSVFile();
21
22          screen.setTitle("Faden der Ariadne");
23          datei.setName("Labyrinth.csv");
24          m = datei.getContent();
25          screen.write(ZEILE - 2, SPALTE, "Suche laeuft");
26          ausgeben(ZEILE, SPALTE, m);
27          findeWeg(N / 2, N / 2, m);
28          screen.write(ZEILE - 2, SPALTE, "Suche beendet");
29          ausgeben(ZEILE, SPALTE, m);
30      }
31
32
33      static void ausgeben (int zeile, int spalte, String[][] m)
34      {
35          int z, s;
36
37          for (z = 0; z < m.length; z = z + 1)
38          {
39              for (s = 0; s < m[z].length; s = s + 1)
40              {
41                  screen.write(z + zeile, s + spalte, m[z][s]);
42                  if (m[z][s].equals(WAND))
43                  {
44                      screen.write(z + zeile, s + spalte, LEER);
45                      screen.setBackgroundColor(z + zeile,
46                                          s + spalte, screen.GREY2);
47                  }
48              }
49          }
50          screen.pause(MILLISEKUNDEN);
51      }
52
```

```
53   static void findeWeg (int x, int y, String[][] m)
54   {
55       final int M = m.length - 1;
56       int spalte;
57
58       ausgeben(ZEILE, SPALTE, m);
59       if (m[x][y].equals(LEER)) // Standort leer
60       {
61           m[x][y] = "+"; // Standort markieren
62           if (x % M == 0 || y % M == 0)
63           {
64               ausgeben(ZEILE, SPALTE, m); //Ausgang gefunden
65               screen.pause(MILLISEKUNDEN * 10);
66               if (loesungen == MAX_LOESUNGEN)
67               {
68                   loesungen = 0;
69               }
70               loesungen = loesungen + 1;
71               spalte = SPALTE + (N + ABSTAND) * loesungen;
72               screen.write(ZEILE - 2, spalte,
73                             "Loesung " + loesungen);
74               ausgeben(ZEILE, spalte, m); //Loesung ausgeben
75           }
76           else
77           {
78               findeWeg(x+1, y, m); // gehe nach Sueden
79               findeWeg(x, y+1, m); // gehe nach Osten
80               findeWeg(x-1, y, m); // gehe nach Norden
81               findeWeg(x, y-1, m); // gehe nach Westen
82           }
83           m[x][y] = " "; // Markierung loeschen
84       }
85   }
86   }
```

Woher nimmt das Programm FadenDerAriadne die Informationen über die Struktur des 17 mal 17 Zellen großen Labyrinths? Woher weiß es, welche Zellen bereits durch Mauern verstellt sind?

Die Labyrinthstruktur wird in den Programmzeilen 23 bis 24 aus einer CSV-Datei namens Labyrinth.csv eingelesen. Diese Datei können wir von der WebSite[7] zu diesem Buch beim KIT-Verlag herunterladen und in dem gleichem Verzeichnis, in dem auch die Programmdatei FadenDerAriadne.java liegt, abspeichern. Die Datei Labyrinth.csv können wir in einem einfachen Texteditor wie dem *Notepad* öffnen, verändern und wieder abspeichern und so unser eigenes Labyrinth entwerfen.

---

[7]http://digbib.ubka.uni-karlsruhe.de/volltexte/1000029891

4.4 Strukturierte Programmierung

Wie programmiert man größere Anwendungen? Gibt es ein systematisches Vorgehen, um Programme so aufzubauen, dass man auch nach einigen Wochen Arbeit an anderen Projekten beim Zurückkehren zu diesem Programm noch versteht, was es tut? Die Antwort, die bis zum Aufkommen der Objektorientierung die Welt der Programmierung dominierte, lautete: Gehe *top-down* vor! Dieser *Top-Down-Ansatz* besagt:

1. Die primäre Fragestellung, die wir zu beantworten haben, lautet: *Was ist die Hauptfunktion (engl.: main function) des Systems?*

2. Zerlege nun die *main*-Methode so lange in Untermethoden, und diese Untermethoden so lange wiederum in Unter-Untermethoden, bis diese Unter-Untermethoden eine so überschaubare Funktionalität besitzen, dass sie problemlos auf einer Bildschirmseite implementiert werden können!

Dieser Ansatz ist bestechend einfach: Er zerlegt ein Problem Abstraktionsebene um Abstraktionsebene von oben nach unten in kleinere Teilprobleme, bis diese so konkret und überschaubar sind, dass sie leicht gelöst (und damit programmiert) werden können. Das Faszinierendste an diesem *Top-Down-Ansatz* ist: Er funktioniert immer! Wir zerlegen das System in einem Baum von Methoden, implementieren jede einzelne dieser Methoden und wie durch ein Wunder setzen sich die Einzelergebnisse zu einem funktionierenden Ganzen zusammen. Für unsere Anforderungen als Programmieranfänger dominieren die Vorteile des *Top-Down-Ansatzes* wie

- Einfachheit,
- Schnelligkeit,
- Klarheit

über seine gravierenden Nachteile der fehlenden

- Modularität,
- Anpassbarkeit (Agilität) und
- Wiederverwendbarkeit der so entstehenden Software.

Diese Nachteile können durch den *Bottom-Up-Ansatz* der *Objektorientierung* überwunden werden, der die Frage *Auf was arbeitet das System?* in den Vordergrund stellt.

4.4.1 P 45 : Problem des Handlungsreisenden (TSP)

Das *Problem des Handlungsreisenden*[8] (engl.: *Traveling Salesman Problem*, TSP) ist ein berühmtes Problem aus der Optimierungstheorie. Gesucht ist die kürzeste Reiseroute, um eine gegebene Anzahl Städte zu besuchen, wobei jede Stadt – mit Ausnahme des Startpunkts der Rundreise – nur genau einmal besucht werden darf!

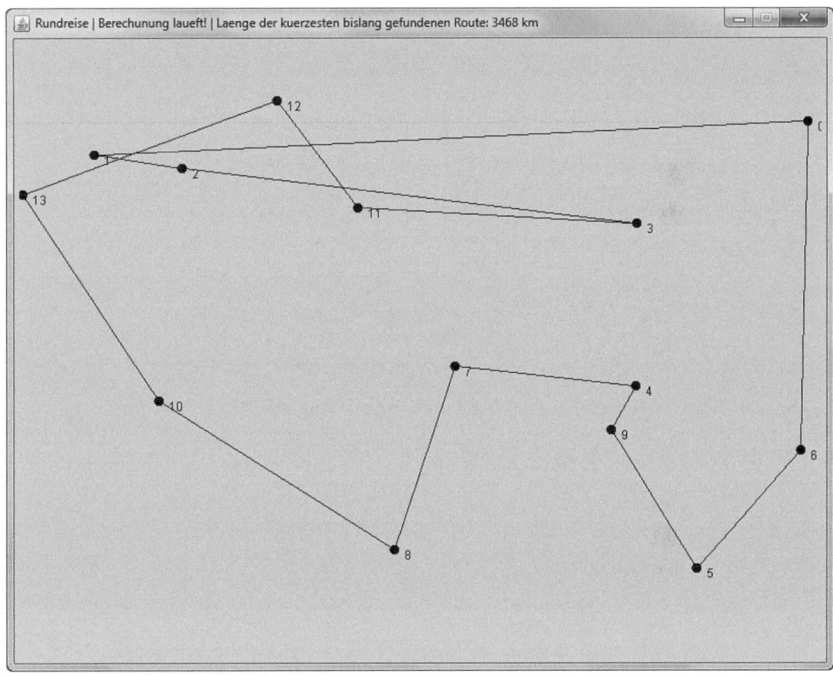

Abb. 4.11: TSP-Problem mit 14 Städten nach wenigen Minuten Rechenzeit

Abbildung 4.11 zeigt die kurz nach dem Programmstart als die bislang am kürzesten berechnete Rundreise an. Erst nach einigen Stunden Rechenzeit findet das Programm eine deutlich bessere Lösung, wie sie in Abbildung 4.12 dargestellt ist. Als menschlicher Betrachter können wir mit einem Blick sagen: Das ist die optimale Lösung! Nicht so unser

---

[8]siehe: http://de.wikipedia.org/wiki/Problem_des_Handlungsreisenden

Programm: Es rechnet nochmals ein paar Stunden weiter, um wirklich alle Kombinationen der Rundreise erstellt und ihre Länge mit der bislang gefunden minimalen Länge verglichen zu haben, um ganz sicher zu gehen, dass es wirklich die optimale Lösung gefunden hat.

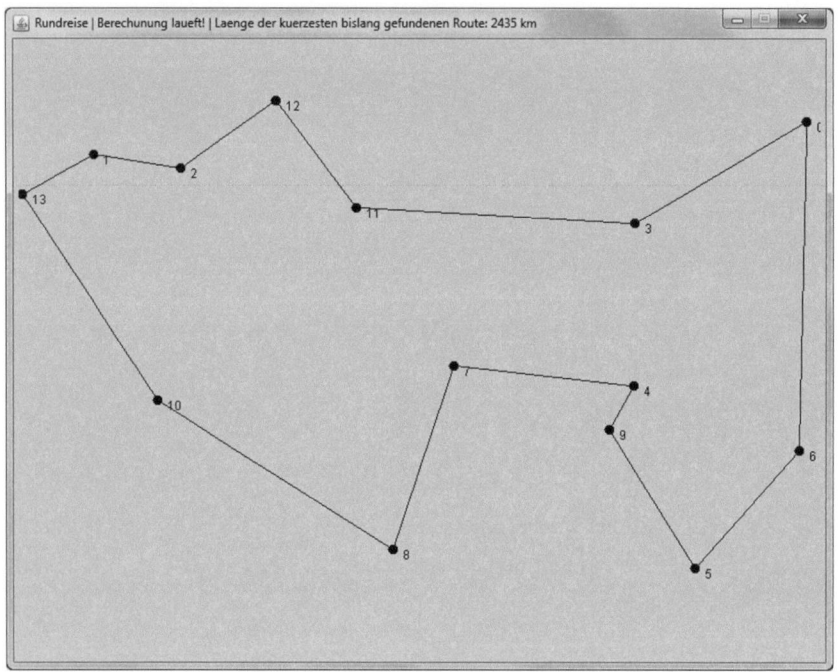

Abb. 4.12: TSP-Problem mit 14 Städten nach 4 Stunden Rechenzeit

Ein Mensch hätte dieses Problem zudem auch deutlich schneller gelöst. Je nach Verteilung der Städte über die Landkarte reicht ein einziger Blick, um die optimale Reiseroute festzulegen. Offensichtlich handelt es sich hier um ein Problem, das für den Computer durch die kombinatorisch hohe Anzahl an möglichen Reiserouten trotz seiner überlegenen Rechenkraft nur schwer zu meistern ist. Werfen wir nun einen Blick auf das Programm, das die Klasse `Permutation` aus der Zusatz-Klassen-Bibliothek `Prog1Tools` nutzt.

```
 1  import Prog1Tools.*;
 2
 3  public class TSP
 4  {
 5      static final String TITEL = "Rundreise";
 6      static final int X = 0;
 7      static final int Y = 1;
 8      static GraphicScreen screen = GraphicScreen.getInstance();
 9
10      public static void main (String[] args)
11      {
12          int[][] orte;
13          int[] route;
14          int n, besteRoute;
15          double routenLaenge, minRoutenLaenge;
16          Permutation permutation;
17
18          screen.setTitle(TITEL);
19          n = screen.readInt("Eingabedialog",
20                             "Anzahl Orte (2 .. 15): ");
21          orte = erzeugeOrte(n);
22          route = erzeugeRoute(n);
23          zeichneRoute(orte, route);
24          besteRoute = 0;
25          minRoutenLaenge = berechneRoutenLaenge(orte, route);
26          aktualisiereTitel(minRoutenLaenge);
27          permutation = new Permutation (n);
28          for (int i = 0; i < permutation.getTotal(); i = i + 1)
29          {
30              route = permutation.getNext();
31              routenLaenge = berechneRoutenLaenge(orte, route);
32              if (routenLaenge < minRoutenLaenge)
33              {
34                  minRoutenLaenge = routenLaenge;
35                  zeichneRoute(orte, route);
36                  aktualisiereTitel(minRoutenLaenge);
37              }
38          }
39          finalisiereTitel(minRoutenLaenge);
40      }
41
42      static int[][] erzeugeOrte (int n)
43      {
44          int[][] result = new int [n][2];
45          for (int i = 0; i < result.length; i = i + 1)
46          {
47              result[i][X] = (int) (Math.random() * 800);
48              result[i][Y] = (int) (Math.random() * 600);
49          }
50          return result;
51      }
52
```

155

```
53    static int [] erzeugeRoute (int n)
54    {
55        int [] result = new int [n];
56        for (int i = 0; i < result.length; i = i + 1)
57        {
58            result [i] = i;
59        }
60        return result;
61    }
62
63    static void zeichneRoute (int [][] orte, int [] route)
64    {
65        int i, x, y, xStart, yStart, xVor, yVor;
66
67        screen.clearScreen ();
68        xStart = 0;
69        yStart = 0;
70        xVor = 0;
71        yVor = 0;
72
73        for (i = 0; i < route.length; i = i +1)
74        {
75            x = orte [route [i]] [X];
76            y = orte [route [i]] [Y];
77            screen.drawCircle (x, y, 5, true);
78            screen.drawText (x + 10, y + 10, "" + route [i]);
79            if (i == 0) // Beginn der Rundreise
80            {
81                xStart = x;
82                yStart = y;
83            }
84            if (i > 0) // waehrend der Rundreise
85            {
86                screen.drawLine (xVor, yVor, x, y);
87            }
88            if (i == route.length - 1) // Ende der Rundreise
89            {
90                screen.drawLine (x, y, xStart, yStart);
91            }
92            xVor = x;
93            yVor = y;
94        }
95    }
96
97    static double berechneRoutenLaenge (int [][] orte, int [] route)
98    {
99        double result = 0.0;
100       int i, x1, y1, x2, y2;
101
102       x2 = 0;
103       y2 = 0;
104       for (i = 0; i < route.length; i = i + 1)
```

```
105        {
106            x1 = orte[route[i]][X];
107            y1 = orte[route[i]][Y];
108            if (i < route.length - 1)
109            {
110                x2 = orte[route[i + 1]][X];
111                y2 = orte[route[i + 1]][Y];
112            }
113            else if (i == route.length - 1)
114            {
115                x2 = orte[route[0]][X];
116                y2 = orte[route[0]][Y];
117            }
118            result = result + Math.sqrt(
119                (x2 - x1)*(x2 - x1)+(y2 - y1)*(y2 - y1));
120        }
121        return result;
122    }
123
124    static void aktualisiereTitel (double minRoutenLaenge)
125    {
126        String titel = TITEL;
127        titel = titel + " | Berechunung laueft! |";
128        titel = titel + " Laenge der kuerzesten " +
129                        "bislang gefundenen Route: ";
130        titel = titel + (int) minRoutenLaenge + " km";
131        screen.setTitle(titel);
132    }
133
134    static void finalisiereTitel (double minRoutenLaenge)
135    {
136        String titel = TITEL;
137        titel = titel + " | Endergebnis |";
138        titel = titel + " Laenge der kuerzesten Route: ";
139        titel = titel + (int) minRoutenLaenge + " km";
140        screen.setTitle(titel);
141    }
142 }
```

Wenn man die *main*-Methode liest, hat man die Beschreibung des Algorithmus vom Erzeugen und Verteilen der Orte über die Landkarte über das Erzeugen einer ersten, einfachen Rundreise, dem Zeichnen dieser ersten Rundreise und der Anzeige der Länge der angezeigten Rundreise im Titel bis hin zum zyklischen Durchlaufen aller Permutationen der Rundreise und Aktualisieren der Anzeige und des Titels beim Finden einer kürzeren Route bis schließlich zum Anzeigen des Endes der Suche im Titel alle notwendigen Schritte auf einer nachvollziehbaren Abstraktionsebene vor sich.

4.4.2 P 46 : Das Ziegenproblem

Stellen wir uns vor, wir wären Gast einer Fernsehshow, in der der Gewinner einen schnittigen Sportwagen gewinnen oder jedoch alles verlieren kann, wenn er die falsche Tür aus drei angebotenen Türen wählt. Hinter zwei der drei Türen steht eine Ziege, und nur hinter einer der drei Türen wartet der begehrte Sportwagen. Welche Türe sollen wir wählen?

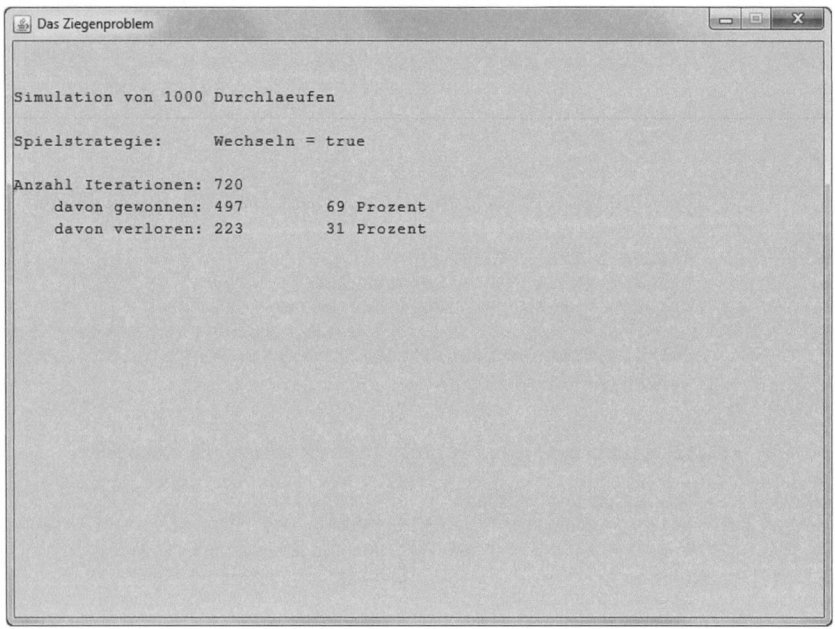

Abb. 4.13: *EJE GraphicScreen* nach Simulation von 1000 Durchläufen des Ziegenproblems

Die Chancen, den Sportwagen zu gewinnen, stehen bei 33,3 Prozent.[9] Wir wählen die linke Türe. Der Moderator schaut uns an und sagt: „Ich will Ihnen etwas zeigen, vielleicht ändert das ja Ihre Meinung" und öffnet die mittlere Türe. Eine Ziege kommt zum Vorschein. Der Moderator fragt: „Bleiben Sie bei Ihrer Wahl oder wollen Sie die Türe wechseln, d.h. die rechte Türe nehmen?" Was sollen wir tun? Wir bitten um 30 Minu-

---

[9]siehe: *Gero von Randow: Das Ziegenproblem: Denken in Wahrscheinlichkeiten. rororo, 2004*

ten Bedenkzeit (die uns auch gewährt wird), werfen unseren Rechner an, erstellen das Programm Ziegenproblem, simulieren die Auswahlsituation 1000 Mal durch und geben dem Moderator zum vereinbarten Zeitpunkt die selbstsichere Antwort: „Wir wechseln die Türe, da wir dadurch eine Gewinnwahrscheinlichkeit von 66,6 Prozent haben!". Der Moderator ist perplex und wir haben einen Sportwagen gewonnen – Java sei Dank!

```
 1   import Prog1Tools.*;
 2
 3   public class Ziegenproblem
 4   {
 5       static TextScreen screen = TextScreen.getInstance();
 6       static final int MILLISEKUNDEN    = 10;
 7       static int anzahlIterationen      = 1000;
 8       static boolean strategieWechseln  = true;
 9       static boolean vorgabewerte       = false;
10       static boolean argumenteAuswerten = false;
11       static int zaehlerGewonnen        = 0;
12       static int zaehlerVerloren        = 0;
13       static int durchlauf              = 0;
14
15       public static void main (String[] args)
16       {
17           screen.setTitle("Das Ziegenproblem");
18           durchlauf = 1;
19           while (durchlauf <= anzahlIterationen)
20           {
21               spielDurchfuehren();
22               ergebnisAusgeben();
23               durchlauf = durchlauf + 1;
24           }
25       }
26
27
28       public static void spielDurchfuehren ()
29       {
30           // Tuer, hinter der der Hauptgewinn steht
31           int tuerHauptgewinn = 0;
32           // Tuer, die der Kandidat auswaehlt
33           int tuerKandidat    = 0;
34
35           // 1) Der Showmaster platziert den Hauptgewinn
36           //    hinter einer der drei Tueren.
37           tuerHauptgewinn = gewinnPlatzieren();
38
39           // 2) Der Kandidat waehlt eine der drei Tueren.
40           tuerKandidat = wahlErsteTuer();
41
42           // 3) Der Showmaster zeigt dem Kandidat eine Tuer,
43           //    hinter der eine Ziege steht.
```

```
44          tuerKandidat = wahlZweiteTuer(tuerHauptgewinn,
45                                        tuerKandidat);
46
47          // 4) Die Tuer, die der Kandidat gewaehlt
48          //    hat, wird geoeffnet.
49          if (tuerKandidat == tuerHauptgewinn)
50          {
51              // 5) Wenn der Kandidat richtig getippt hat:
52              //    Gratulation!
53              zaehlerGewonnen = zaehlerGewonnen + 1;
54          }
55          else
56          {
57              // 6) Wenn der Kandidat falsch getippt hat:
58              //    Bedauern und Zeigen der richtigen Tuer.
59              zaehlerVerloren = zaehlerVerloren + 1;
60          }
61      }
62
63
64      public static int gewinnPlatzieren ()
65      {
66          int result = 0;
67
68          // Zufallszahl (simuliert den Moderator)
69          double zufallsZahl = 0.0;
70
71          zufallsZahl = Math.random () * 3;
72          result = (int) zufallsZahl + 1;
73
74          return result;
75      }
76
77
78      public static int wahlErsteTuer ()
79      {
80          int result = 0;
81
82          // Zufallszahl (simuliert den Kandidaten)
83          double zufallsZahl = 0.0;
84
85          zufallsZahl = Math.random () * 3;
86          result = (int) zufallsZahl + 1;
87
88          return result;
89      }
90
91
92      public static int wahlZweiteTuer (int tuerHauptgewinn,
93                                        int tuerKandidat)
94      {
95          int result = 0;
```

```
96
97          // Tuer, die dem Kandidaten gezeigt wurde
98          int tuerGezeigt        = 0;
99          // Moechte der Kandidat die Tuer wechseln?
100         boolean tuerWechseln    = false;
101
102         // Tuer mit Ziege zeigen
103         tuerGezeigt = tuerMitZiegeZeigen(tuerHauptgewinn,
104                                          tuerKandidat);
105
106         // Tuerwechsel anbieten
107         tuerWechseln = tuerWechselAnbieten();
108
109         // Kandidat entscheidet sich fuer
110         // oder gegen Tuerwechsel
111         if (tuerWechseln)
112         {
113             // Kandidat entscheidet sich fuer den Tuerwechsel
114             result = tuerWechseln(tuerKandidat, tuerGezeigt);
115         }
116         else
117         {
118             // Kandidat bleibt bei seiner ersten
119             // Tuerwahl, wechselt also nicht
120             result = tuerKandidat;
121         }
122
123         return result;
124     }
125
126
127     public static int tuerMitZiegeZeigen (int tuerHauptgewinn,
128                                            int tuerKandidat)
129     {
130         int result = 0;
131         // Tuer, hinter der eine Ziege steht
132         int tuerZiege = 0;
133         // wurde die Tuer mit der Ziege bereits gezeigt?
134         boolean tuerZiegeGezeigt = false;
135
136         tuerZiege = 1;
137         tuerZiegeGezeigt = false;
138         while (tuerZiege <= 3)
139         {
140             if ((tuerZiege != tuerHauptgewinn)
141                     && (tuerZiege != tuerKandidat)
142                             && !tuerZiegeGezeigt)
143             {
144                 tuerZiegeGezeigt = true;
145                 result = tuerZiege;
146             }
147             // naechster Versuch
```

161

```
148        tuerZiege = tuerZiege + 1;
149      }
150
151      return result;
152    }
153
154
155    public static boolean tuerWechselAnbieten ()
156    {
157      boolean result;
158
159      result = strategieWechseln;
160
161      return result;
162    }
163
164
165    public static int tuerWechseln (int tuerKandidat,
166                                    int tuerGezeigt)
167    {
168      int result = 0;
169
170      // Tuer, zu der noch gewechselt werden kann
171      int tuerFrei        = 0;
172      // Hat der Kandidat die Tuer bereits gewechselt?
173      boolean tuerGewechselt = false;
174
175      // systematisches Durchprobieren,
176      // welche Tuer noch frei ist
177      tuerFrei = 1;
178      tuerGewechselt = false;
179      while (tuerFrei <= 3)
180      {
181        if ((tuerFrei != tuerGezeigt)
182            && (tuerFrei != tuerKandidat)
183                        && !tuerGewechselt)
184        {
185          // der Kandidat wechselt die Tuer
186          result = tuerFrei;
187
188          // Tuer wurde gewechselt
189          tuerGewechselt = true;
190        }
191        // naechster Versuch
192        tuerFrei = tuerFrei + 1;
193      }
194
195      return result;
196    }
197
198
199    public static void ergebnisAusgeben ()
```

```
200    {
201            int prozentGewonnen = 0;
202            int prozentVerloren = 0;
203            double help = 0.0;
204            String erklaerung;
205
206            help = (zaehlerGewonnen * 1.0) / (durchlauf * 1.0);
207            prozentGewonnen = (int)(help * 100.0 + 0.5);
208
209            help = (zaehlerVerloren * 1.0) / (durchlauf * 1.0);
210            prozentVerloren = (int)(help * 100.0 + 0.5);
211
212            erklaerung = "Simulation von " + anzahlIterationen;
213            erklaerung = erklaerung + " Durchlaeufen";
214            screen.write (2, 0, erklaerung);
215            screen.write (4, 0, "Spielstrategie:");
216            screen.write (4, 20, "Wechseln = "
217                                    + strategieWechseln);
218            screen.write (6, 0, "Anzahl Iterationen: "
219                                    + durchlauf);
220            screen.write (7, 31, prozentGewonnen + " Prozent ");
221            screen.write (7, 4, "davon gewonnen: "
222                                    + zaehlerGewonnen);
223            screen.write (8, 31, prozentVerloren + " Prozent ");
224            screen.write (8, 4, "davon verloren: "
225                                    + zaehlerVerloren);
226            screen.pause(MILLISEKUNDEN);
227    }
228 }
```

Herzlichen Glückwunsch!

Damit haben Sie den Kurs *Propädeutikum Java* erfolgreich absolviert!

Wenn Sie nun noch über das WAS hinaus verstehen möchten, WIE Java arbeitet, dann empfehlen wir Ihnen noch das folgende Kapitel 5.

In diesem Kapitel lernen Sie eines der wichtigsten Plugins des *EJE* kennen: *Jeliot*, eine Visualisierungsumgebung für Konsolenanwendungen in Java. *Jeliot* erlaubt es uns, Java beim Ausführen eines Java-Programms zuzuschauen – Programmzeile für Programmzeile. Und wir sehen, wie interne *Datenstrukturen* wie *Variablen* und *Felder* aufgebaut werden. Selbst *Rekursionen* können wir dabei beobachten, wie sich sich zu *Aufrufstapeln* auftürmen, um dann wieder den Stapel in umgekehrter Richtung abzuarbeiten.

Die Lektüre lohnt – viel Spaß dabei!

5 Java verstehen mit dem EJE

In diesem Kapitel[1] lernen wir den *EJE*[2] nochmals von Grund auf kennen. Wir erhalten eine vertiefende Einführung in das Arbeiten mit dem *EJE* anhand eines einfachen Programmbeispiels, so dass vieles von dem, was wir zwar benutzt, jedoch nicht vollständig verstanden haben, sich zu einem logischen Ganzen zusammenfügt. Zudem lernen wir ein für Programmieranfänger wichtiges Erweiterungsmodul (Plugin) des *EJE* kennen: *Jeliot*[3], ein Java-Visualisierungs-Programm, das uns die Programmausführung einfacher Konsolenanwendungen Schritt für Schritt vor Augen führt.

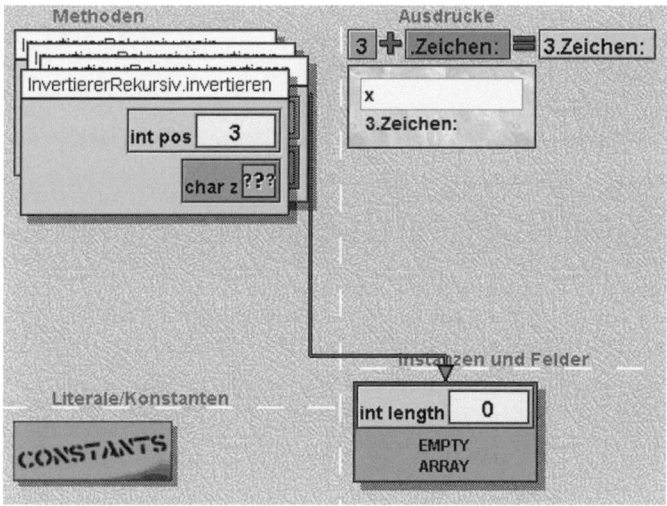

Abb. 5.1: Jeliot Anzeige bei der Ausführung des Programms InvertiererRekursiv

---

[1] freundlicherweise zur Verfügung gestellt von: *Professor Dr. Roland Küstermann, DHBW Karlsruhe*
[2] http://www.eje-home.de
[3] http://cs.joensuu.fi/jeliot/

5.1 Allgemeine Vorgehensweise

In diesem Kapitel werden wir zeigen, wie wir einen *Algorithmus* in ein lauffähiges Programm umsetzen können. Um das Editieren, Compilieren und Ausführen von Programmen einfach durchführen zu können, setzen wir mit dem *EJE* eine Entwicklungsumgebung ein, die speziell für Programmieranfänger entwickelt wurde und seit 2004 in der Programmierausbildung eingesetzt wird. Wir gehen davon aus, dass Java bereits auf Ihrem Rechner installiert ist und gehen deshalb direkt in medias res.

Für die Beschreibung der Bearbeitung bis hin zur Ausführung eines Java-Programms werden wir das Beispielprogramm Kreis nutzen. Bevor wir uns der Entwicklungsumgebung zuwenden, erklären wir zunächst die allgemeine Vorgehensweise. Damit wir ein Java-Programm ausführen können, müssen zwei Bedingungen im Quelltext erfüllt sein:

1. Der *Programmname* bzw. *Programmbezeichner* wird, entsprechend der Programmzeile 7 in unserem Beispiel, mit den Schlüsselwörtern public class eingeleitet.

2. Das Programm besitzt eine Hauptmethode main, entsprechend der Programmzeile 9 in unserem Beispiel.

Bitte achten Sie insbesondere auf die Groß- und Kleinschreibung bzw. auf die genaue Schreibweise.

```
 1  import static Prog1Tools.IOTools.*;
 2  /**
 3   * Programm zur Berechnung des Umfangs u
 4   * und des Flaecheninhalts f eines Kreises
 5   * mit gegebenem Radius r.
 6   */
 7  public class Kreis
 8  {
 9      public static void main (String[] args)
10      {
11          double r, u, f;
12          r = readDouble("Radius : ");
13          u = 2 * r * 3.1415926;
14          f = r * r * 3.1415926;
15          System.out.println("Umfang : " + u);
16          System.out.println("Flaeche: " + f);
17      }
18  }
```

5.1.1 Umgang mit Dateien

Immer dann, wenn wir mit unserem Computer etwas verarbeiten wollen, müssen wir unsere Arbeit in einer *Datei* abspeichern. Das gilt natürlich genauso für den Algorithmus, den wir in Java formulieren und ausführen wollen. Bis auf weiteres legen wir fest, dass jedes Programm in einer separaten Datei abgespeichert wird. Dabei legt der *Programmbezeichner* den *Namen der Datei* fest.

Beispiel: In unserem Beispiel wird der *Programmbezeichner* Kreis in Zeile 7 festgelegt.

Ausgehend von dem Programmbezeichner speichern wir ein Java-Programm in einer gleichnamigen Datei. Die Dateiendung lautet .java.

Beispiel: Der Quelltext des Programms Kreis wird in einer Datei mit dem Dateinamen Kreis.java abgespeichert.

In den meisten Windows-Installationen werden bekannte Dateiendungen, zu denen auch die .java-Dateiendung zählt, standardmäßig *nicht* angezeigt, wenn Windows ein Programm kennt, das diese Dateien öffnen kann. Java-Dateien werden vom *EJE* geöffnet, wodurch die .java-Endung ggf. nicht im *Windows Explorer* angezeigt wird. Es ist generell empfehlenswert, diese Dateiendung anzeigen zu lassen.

Im *Windows-Explorer* kann man unter *Extras, Ordneroptionen, Ansicht* ein Häkchen bei der Option *Erweiterungen bei bekannten Dateitypen ausblenden* setzen, um alle Dateiendungen anzeigen zu lassen. Je nach Windows-Version muss ggf. zusätzlich noch die ALT-Taste gedrückt werden, um im *Windows-Explorer* die entsprechende Menüleiste angezeigt zu erhalten.

Wie kann der abgespeicherte Quellcode nun übersetzt, ausgeführt und nachvollzogen werden?

5.1.2 Compilieren eines Java-Programms

Damit der Computer das Java-Programm ausführen kann, muss es zunächst *compiliert* werden. Vereinfacht formuliert ist der *Compiler* eine eigenständige Anwendung, die zunächst für die Prüfung des Quellcodes auf Einhaltung der „Java-Grammatik" (*Syntax*) zuständig ist. Ist unser Programm *syntaktisch* korrekt, dann übersetzt der Compiler das Programm in einen plattformunabhängigen Zwischencode, den sogenannten *Bytecode*.

Beispiel: Wenn das Programm `Kreis`, gespeichert in der Datei `Kreis.java`, erfolgreich compiliert wurde, dann hat der Compiler im gleichen Verzeichnis eine Datei mit dem Dateinamen `Kreis.class` erzeugt, in der der plattformunabhängige *Bytecode* des Programms gespeichert ist.

5.1.3 Ausführen eines Java-Programms

Mit Hilfe des *Interpreters* – wiederum eine eigenständige Anwendung – kann das compilierte Java-Programm – der Bytecode – ausgeführt werden. Dazu übersetzt der Interpreter den Bytecode Schritt für Schritt in eine für den Computer verständliche Sprache und führt diese aus. Er beginnt dabei in der Regel mit der Ausführung der Hauptmethode `main` und arbeitet dann Anweisung für Anweisung das Programm ab.

5.1.4 Arbeiten mit der Kommandozeile?

Für den geschilderten Prozess sind im Prinzip ein einfacher *Texteditor* sowie die Kommandozeilentools *Compiler* und *Interpreter* aus dem *Java Development Kit* ausreichend. Allerdings sind eine aufwändige Konfiguration und Einrichtung sowie ein heutzutage nicht mehr vorauszusetzendes Wissen im Umgang mit der Kommandozeile notwendig. Um nicht schon hier unüberwindbare Hürden aufzustellen, verwenden wir eine integrierte Entwicklungsumgebung, die es uns ermöglicht, in wenigen Minuten mit der Programmierung in Java zu starten. Daher beschreiben wir den Entwicklungsprozess nun anhand der Entwicklungsumgebung *Editing Java Easily (EJE)*.

5.2 Arbeiten mit dem EJE

In diesem Kapitel werden wesentliche Grundlagen zum Arbeiten mit dem *EJE* eingeführt, die Sie unbedingt zur Bearbeitung der Aufgaben kennen müssen. Für eine aus-
führliche Dokumentation, auch zur Installation, des *EJE* verweisen wir schon jetzt auf
die WebSite[4] der Anwendung.

Die integrierte Entwicklungsumgebung *Editing Java Easily (EJE)* übernimmt unter
anderem die folgenden Aufgaben auf intuitiv einfache Art und Weise:

- *Syntaxhervorhebung* für den Quelltext

- *Compilieren* von Java-Programmen

- *Ausführen* von Java-Programmen

- Unterstützung bei der Behebung von *Compilerfehlern*

- Anbieten von direkt compilierbaren Quelltext-*Vorlagen*

Das Hauptfenster des *EJE* ist wie folgt aufgebaut: Der *Schreibbereich* ist durch eine
Komponente realisiert, die jeweils aus einem *Eingabebereich* und einer *Konsole* besteht.
Wenn mehr als eine Datei geöffnet ist, wird je Datei eine Registerseite angezeigt und
ein Eintrag der *Dateiliste* hinzugefügt. Über die Dateiliste und über die Registerseiten
können wir dann zwischen den einzelnen Dateien wechseln.

Die Pluginleiste enthält – sofern installiert – den Zugang zu verschiedenen Plugins,
die für die Programmierausbildung sinnvoll sein können. Da die Plugins aber nicht Bestandteil der Anwendung sind, verweisen wir hier auf die *EJE*-WebSite, auf der Sie alles
Wichtige nachlesen können.

Die Buttons in der Toolbar sowie die Menüpunkte in den einzelnen Menüs beziehen sich,
von wenigen Ausnahmen wie *Neu* und *Öffnen* abgesehen, stets auf die aktuell selektierte
Registerseite bzw. Datei. Die Buttons sind kontextsensitiv, d.h. sie sind nur dann aktiv,
wenn die dahinterliegende Aktion auch ausführbar ist.

Beispiele:

1. Solange eine neue Datei nicht mindestens einmal gespeichert wurde, kann diese
   nicht compiliert werden.

---

[4]http://www.eje-home.de

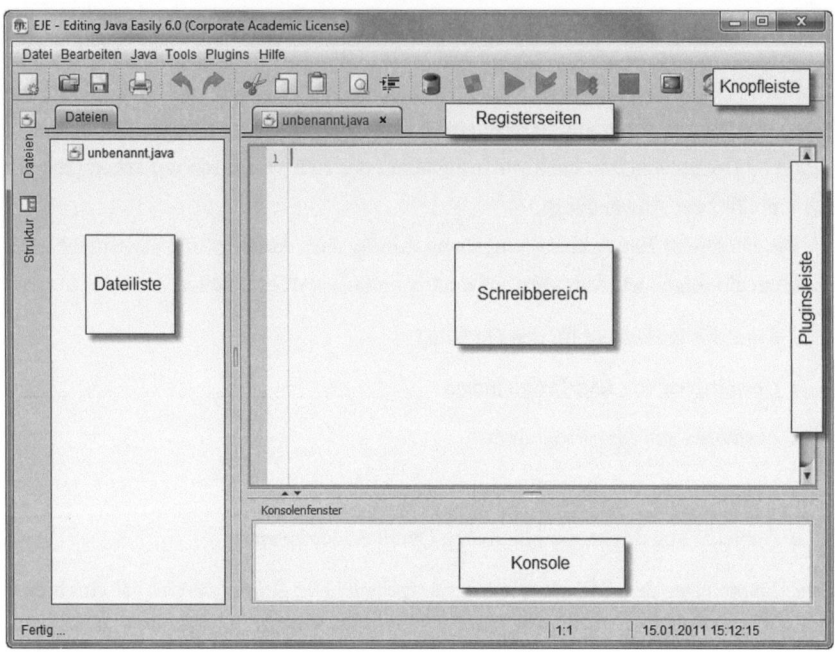

Abb. 5.2: Hauptfenster des EJE

2. Ein Programm kann nur dann ausgeführt werden, wenn der Quellcode im Schreibbereich nicht verändert wurde und es erfolgreich compiliert wurde.

5.2.1 Umgang mit Dateien im EJE

In *EJE* gibt es drei verschiedene Arten, Programme zu schreiben bzw. zu verändern:

1. Wir beginnen auf der „grünen Wiese" und erzeugen einen *leeren Schreibbereich*.

2. Wir verändern ein bestehendes Programm durch

   a) Verwendung einer Programm-*Vorlage* unter *Datei*, *Vorlagen*

   b) *Öffnen* eines selbstgeschriebenen Programms

Für die Umsetzung der Varianten sind folgende Menüpunkte bzw. Buttons zuständig.
Durch Betätigen des Menüpunkts *Neu* oder des zugehörigen Knopfes in der Toolbar
wird ein leerer Arbeitsbereich erzeugt. Wenn Sie den Quelltext des Programms Kreis in

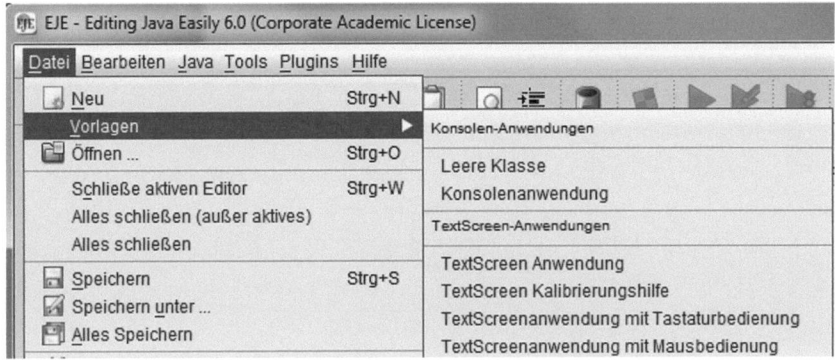

Abb. 5.3: Erzeugen neuer Schreibbereiche über das Menü

Abb. 5.4: Erzeugen neuer Schreibbereiche über die Toolbar

den Schreibbereich des *EJE* übertragen haben, müssen Sie diesen *abspeichern* (Menüpunkt *Speichern*, *Speichern unter* oder zugehöriger Button). Wenn Sie das Programm 1:1 übernommen haben, dann erkennt der *EJE* den Programmbezeichner anhand der Schlüsselwort-Kombination `public class` und schlägt beim Speichern automatisch den richtigen Dateinamen vor (hier: `Kreis.java`). Falls dies nicht der Fall ist, macht der *EJE* Sie mit einer Dialogbox darauf aufmerksam.

Wenn Sie den Menüpunkt *Vorlagen* (siehe Abbildung 5.4) auswählen, können Sie zwischen verschiedenen, direkt compilierbaren Vorlagen auswählen.

Über den Menüpunkt *Öffnen* (siehe Abbildung 5.4) oder den zugehörigen Button in der Toolbar wird ein neuer Schreibbereich für eine existierende Datei geöffnet.

In unserem Beispiel öffnen wir die als bereits erstellt angenommene Datei `Kreis.java` aus dem aktuellen Arbeitsverzeichnis. Das Ergebnis dieses Öffnens einer Datei ist in Abbildung 5.5 dargestellt. Wird der Quellcode verändert, färbt sich die Schriftfarbe der Registerkarte blau, was Sie als Hinweis lesen können: Achtung, bitte erst speichern! Beim Drücken des Compiler-Buttons wird jedoch das aufliegende Programm automatisch zuerst gespeichert und dann erst übersetzt.

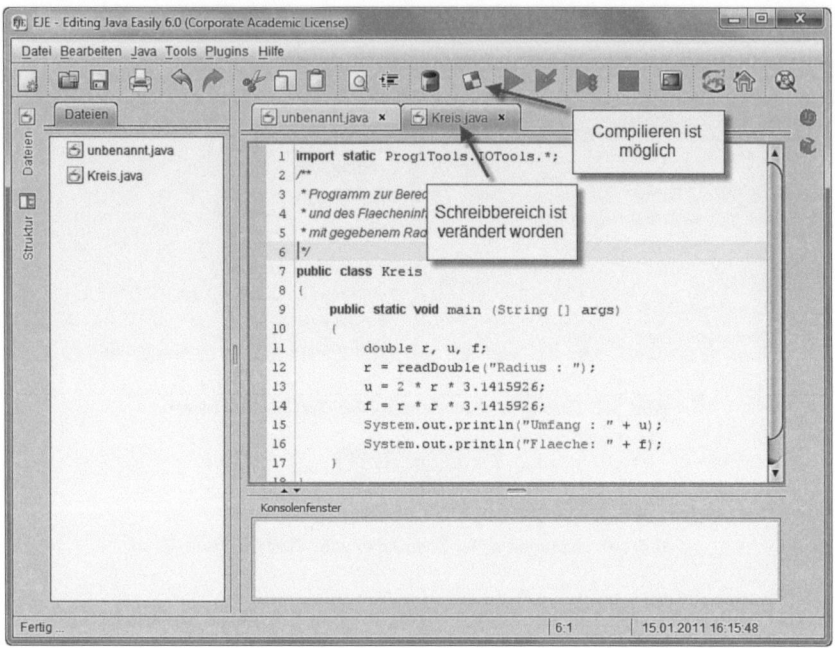

Abb. 5.5: Geöffnete Datei Kreis.java mit Möglichkeit zum Compilieren

5.2.2 Compilieren eines Java-Programms im EJE

Damit wir nun unser Programm compilieren können, müssen wir nur noch die Aktion *Compilieren* oder den zugehörigen Button in der Toolbar betätigen.

Ein Speichern vorab ist nur dann notwendig, wenn das Programm neu erzeugt und noch nicht gespeichert wurde. In allen anderen Fällen erkennt *EJE* den Dateinamen und speichert das Programm vor dem Compilieren automatisch ab.

Ein erfolgreiches Compilieren erkennt man zum einen an der Ausgabe „Programm compiliert" in der Konsole (siehe Abbildung 5.7) und daran, dass die Buttons zum Ausführen eines Programms aktiviert sind. In unserem Arbeitsverzeichnis wurde nun vom Compiler eine Datei mit dem Namen Kreis.class erzeugt.

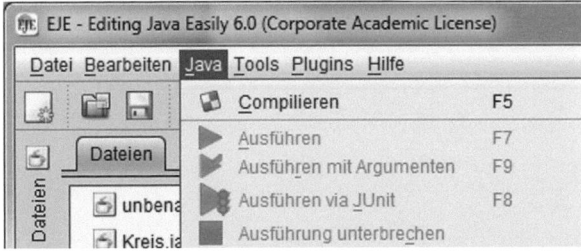

Abb. 5.6: Menü Java mit aktivierter Compilieren-Aktion

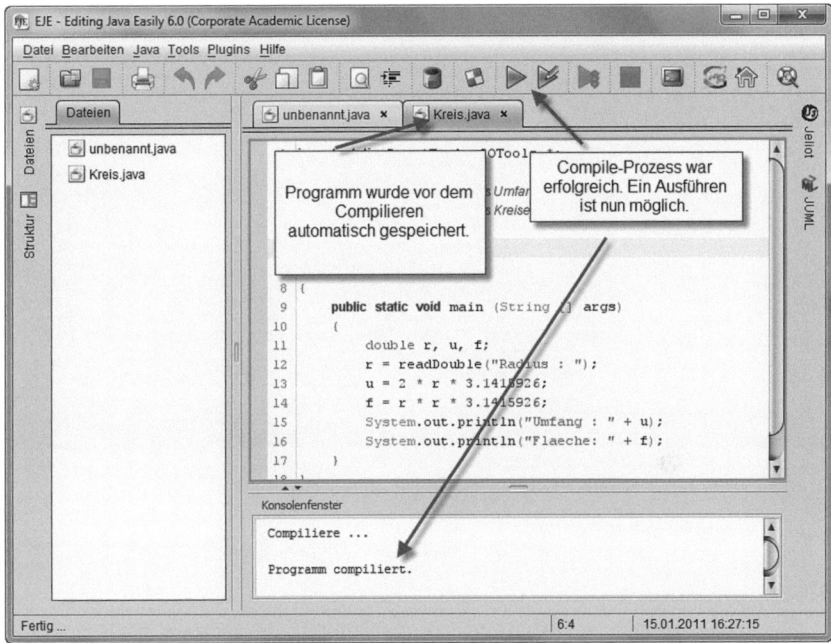

Abb. 5.7: Programm wurde erfolgreich compiliert. Eine Ausführung ist möglich.

5.2.3 Umgang mit Compilerfehlern im EJE

Der weitaus häufigere Fall ist jedoch, dass wir beim Compilieren Fehler erhalten. Um dies an einem Beispiel zu demonstrieren, modifizieren wir den Quelltext. Wir löschen in der Programmzeile 11 hinter der Variable f das Semikolon. Beim erneuten Compilieren präsentiert uns der *EJE* das in Abbildung 5.8 dargestellte Resultat.

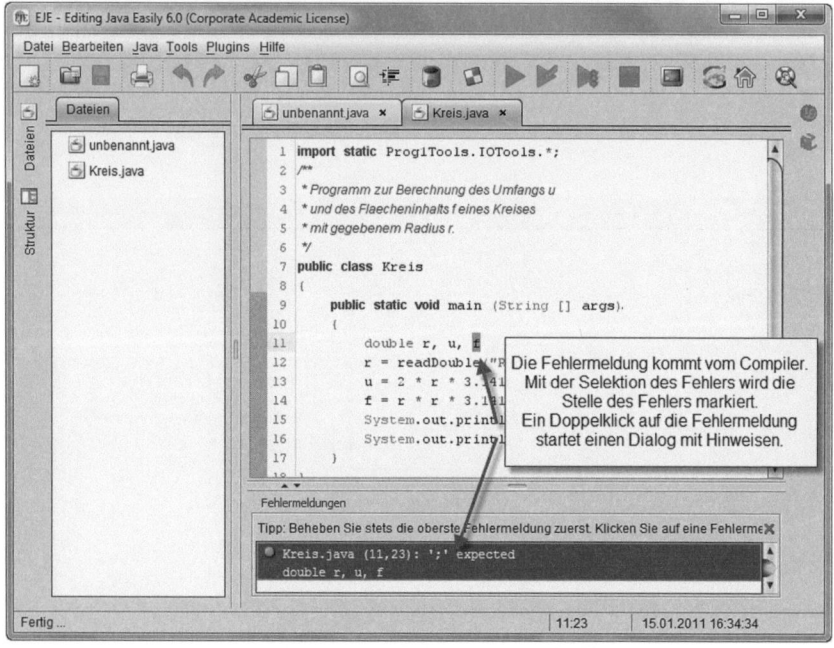

Abb. 5.8: Datei mit Syntaxfehler

Das Konsolenfenster zeigt eine Fehlerbeschreibung an, die übersetzt bedeutet: In der Datei Kreis.java wurde in Programmzeile 11, Spalte 23 festgestellt, dass ein Semikolon fehlt. Dies war zu erwarten, denn genau dieses Semikolon hatten wir ja auch zuvor gelöscht. Durch einfaches Markieren der Fehlermeldung springt der Cursor automatisch an die fehlerhafte Stelle im Programmtext.

Leider sind aber nicht alle Fehlermeldungen des Compilers so leicht verständlich wie diese. Um bei der Behebung des Fehlers (hier: Einfügen des Semikolons an markierter Stelle) zu helfen, bietet EJE die *MindProd*-Fehlermeldungsbeschreibungsdatenbank an.

Mit einem Doppelklick auf die Fehlermeldung öffnet sich ein neuer Dialog (siehe Abbildung 5.9).

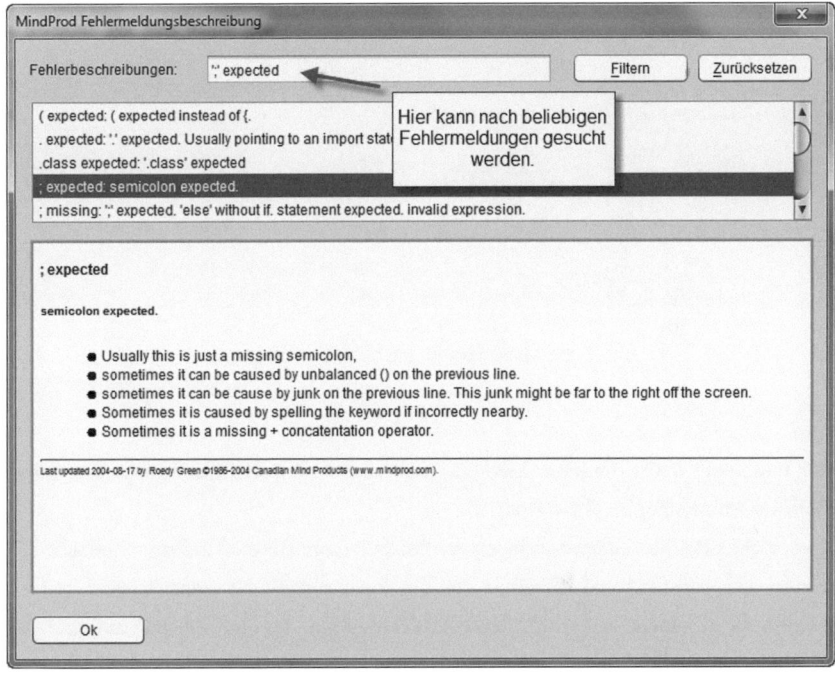

Abb. 5.9: Mindprod-Fehlermeldungsbeschreibung

Wie man unschwer erkennen kann, passt gleich der erste Hinweis (hier: „Usually this is just a missing semicolon") zur Behebung unseres Problems. Allerdings ist auch ersichtlich, dass auch andere Fehler im Quelltext diese Fehlermeldung provozieren können. Da im Regelfall mehrere Fehlermeldungen auftauchen, empfiehlt es sich also, stets mit der Behebung der *ersten* Fehlermeldung zu beginnen und direkt danach neu zu compilieren. Häufig verursacht der erste Fehler eine Reihe von Folgefehlermeldungen.

Nach der Korrektur unseres Programms compilieren wir es erneut und erhalten wieder die in Abbildung 5.7 dargestellte Ansicht.

5.2.4 Ausführen eines Java-Programms im EJE

Unser Java-Programm können wir nun durch Betätigen des Menüpunkts *Java*, *Ausführen* oder des Knopfs mit dem blauen *Play*-Symbol ausführen.

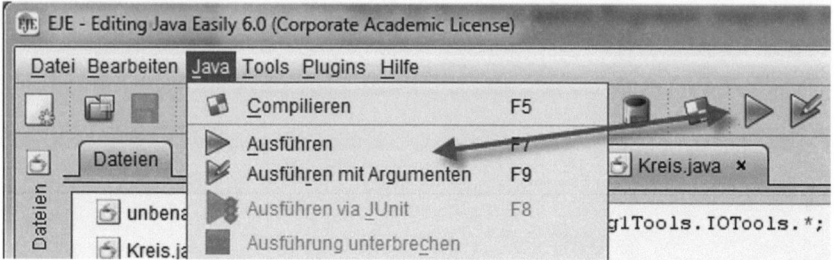

Abb. 5.10: Menü Java für ausführbares Programm

Der Interpreter sucht die *main*-Methode und arbeitet den Methodenrumpf der *main*-Methode Anweisung für Anweisung ab.

Auf die Konsole werden Ausgaben geschrieben (zum Beispiel in Programmzeile 15: `System.out.println`) und Eingaben des Benutzers eingelesen (zum Beispiel in Programmzeile 12: `readDouble`). Ein laufendes Programm, das zum Beispiel auf eine Benutzereingabe wartet, ist unter anderem daran erkennbar, dass der rote *Stopp*-Button für den Schreibbereich aktiviert ist (siehe Abbildung 5.11). Durch Betätigen des gleichnamigen Menüpunkts bzw. Knopfes kann die Ausführung eines Java-Programms jederzeit unterbrochen werden (siehe Abbildung 5.12).

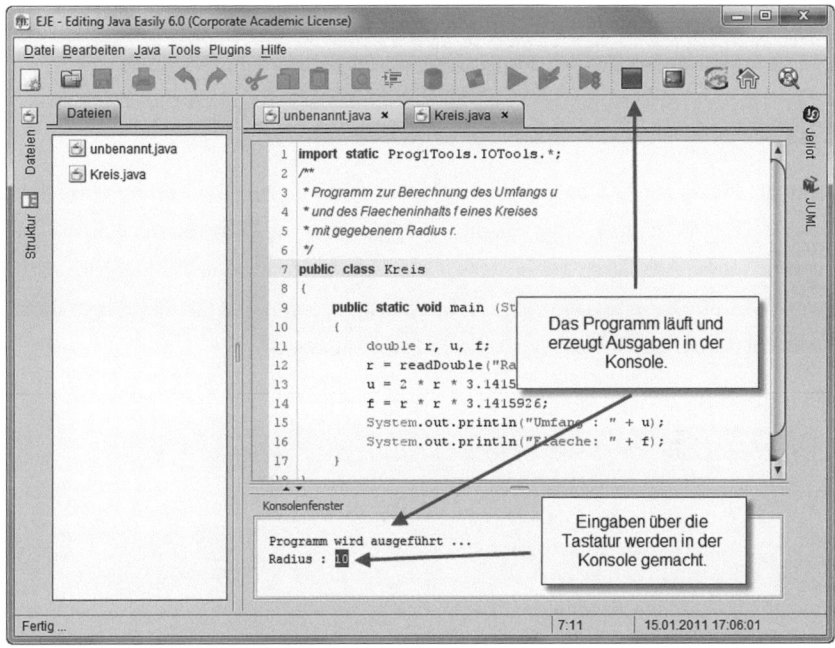

Abb. 5.11: Java-Programm wird ausgeführt.

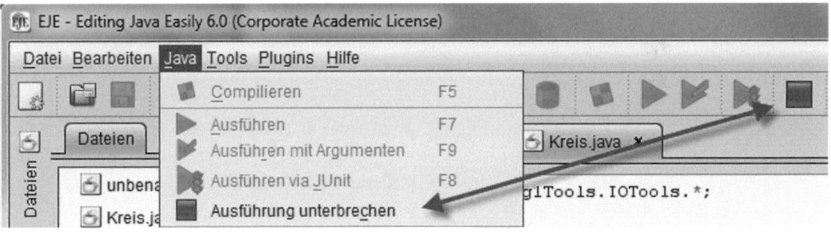

Abb. 5.12: Java-Programm in der Ausführung unterbrechen

5.3 Arbeiten mit Jeliot

Jeliot ist ein Algorithmenvisualisierungswerkzeug für Programmieranfänger. Entwickelt wurde es an der Universität Joenssu, Finnland. Es animiert beliebige Quelltexte und soll damit einen Quelltext für einen Programmieranfänger leichter nachvollziehbar darstellen. Die Anwendung ist auch als Standalone[5]-Variante erhältlich. Für den *EJE* wurde am KIT im Rahmen eines Studierendenprojekts ein *Plugin* entwickelt, das *Jeliot* integriert.

5.3.1 Installation des Jeliot-Plugins im EJE

Jeliot als Plugin für *EJE* kann über den Menüpunkt *Plugins, Konfiguration* installiert werden. Dazu öffnet man unter *Plugins, Konfiguration* das Dialogfenster *Pluginkonfiguration* (siehe Abbildung 5.13), betätigt den Schalter *Nach Aktualisierungen suchen* unten links im Dialogfenster, setzt ein Häckchen vor *Jeliot* und lädt das Plugin durch Betätigen des Schalters *Änderungen übernehmen* herunter.

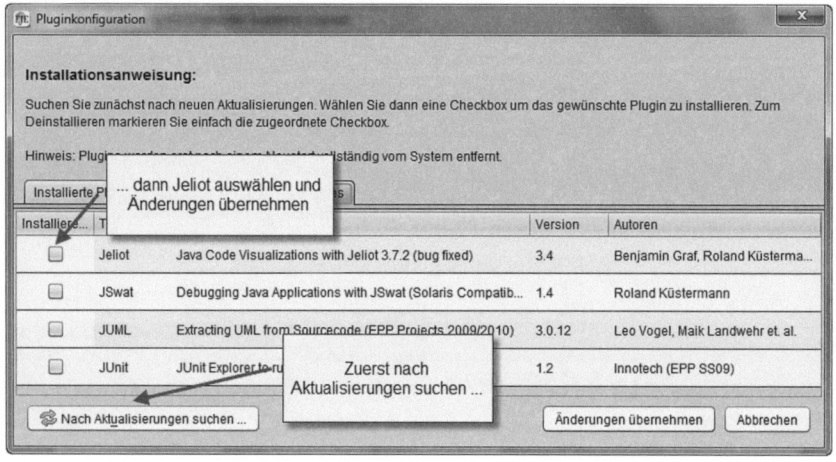

Abb. 5.13: Plugins aktualisieren und auswählen

Dadurch werden die notwendigen Plugin-Bibliotheken automatisch aus dem Internet geladen und installiert. Bitte starten Sie die Anwendung nach der abgeschlossenen Installation des Plugins neu. Eine erfolgreiche Installation erkennt man an dem deaktivierten Symbol in der Pluginleiste nach einem erneuten Programmstart des *EJE* (siehe Abbildung 5.14).

---

[5]Das Werkzeug Jeliot kann man unter http://cs.joensuu.fi/jeliot/ herunterladen.

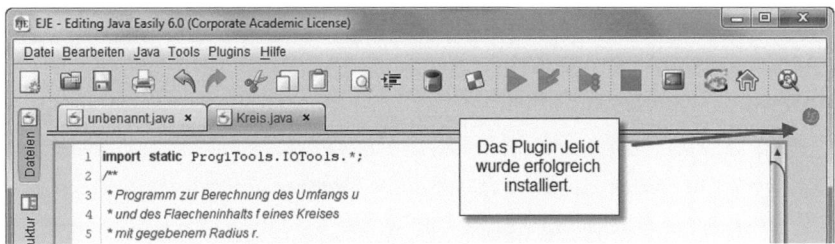

Abb. 5.14: Plugin wurde erfolgreich installiert

5.3.2 Ausführen von Java-Programmen mit Jeliot im EJE

Eine notwendige Voraussetzung um ein Programm mit *Jeliot* auszuführen ist, dass das Java-Programm compiliert wurde. Sofern noch nicht geschehen, öffnen Sie das Programm `Kreis.java` und compilieren Sie es. Nun sollte (wie in Abbildung 5.15 dargestellt) der Plugin-Button von *Jeliot* in der Pluginleiste aktiviert sein.

Abb. 5.15: Jeliot ist ausführbar.

Durch Betätigen des Plugin-Buttons in der Pluginleiste wird *Jeliot* gestartet. Wenn *Jeliot* das Programm erfolgreich verarbeiten konnte, können Sie die Animation durch Betätigen des *Jeliot Play*-Buttons unten in der *Jeliot*-Bedienleiste abspielen (siehe Abbildung 5.16 und Abbildung 5.17).

Abb. 5.16: Animationsleiste des Jeliot

179

Die Geschwindigkeit kann über den Schieberegler eingestellt werden. Zu jedem Zeitpunkt kann die Animation gestoppt und zurückgesetzt werden. Wahlweise ist auch ein schrittweises Weiterschalten möglich.

Jeliot verarbeitet die Ausdrücke in unserem Java-Programm in der gleichen Reihenfolge wie der Interpreter. Ausdruck für Ausdruck wird abgearbeitet und visualisiert. Die Eingabe erfolgt im Bereich des Plugins. Dort werden Sie aufgefordert entsprechend des Programmablaufs den Eingabewert einzugeben. Die Ausgabe erfolgt nach wie vor in der Konsole.

Hinweis: Jeliot kann nur *Konsolenprogramme* animieren, nicht jedoch *EJE TextScreen* oder *EJE GraphicScreen* Programme. Zudem beherrscht *Jeliot* keinen statischen Import von Methoden, so dass unser Beispielprogramm Kreis vor der Ausführung mit *Jeliot* wie folgt in den Programmzeilen 1 und 12 angepasst werden muss:

```
1   import Prog1Tools.IOTools;
2   /**
3    * Programm zur Berechnung des Umfangs u
4    * und des Flaecheninhalts f eines Kreises
5    * mit gegebenem Radius r.
6    */
7   public class Kreis
8   {
9       public static void main (String[] args)
10      {
11          double r, u, f;
12          r = IOTools.readDouble("Radius : ");
13          u = 2 * r * 3.1415926;
14          f = r * r * 3.1415926;
15          System.out.println("Umfang : " + u);
16          System.out.println("Flaeche: " + f);
17      }
18  }
```

Die Animation eines Ausdrucks soll zum einen dabei helfen, eine Vorstellung davon zu entwickeln, wie der Java-Interpreter arbeitet. Zum anderen hilft es beim Auffinden von logischen Programmfehlern. Logische Programmfehler sind solche, die weder beim Compilieren (*Compilerfehler*) noch beim Ausführen (*Laufzeitfehler*) eine Fehlermeldung erzeugen.

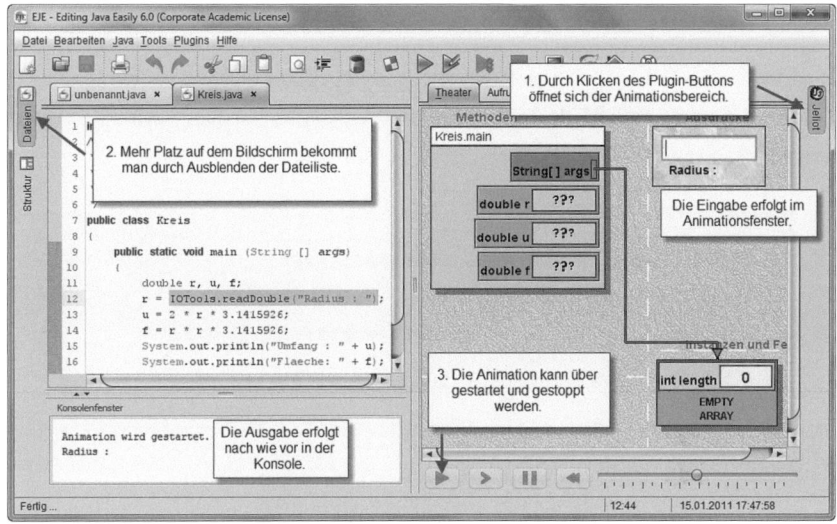

Abb. 5.17: Jeliot bei der Ausführung

Beispiel: Wenn wir in der Formel zur Berechnung des Umfangs des Kreises in Programmzeile 13 + statt * geschrieben hätten, so wären die berechneten Ergebnisse für den Kreisumfang falsch. *Jeliot* kann dabei helfen, solche Fehler zu finden.

Für den interessierten Leser verweisen wir auf die integrierte Hilfe, die entweder über das Popupmenü im Plugin oder über das *Jeliot*-Untermenü im Plugins-Menü zugreifbar ist. Hier werden Hilfestellungen im Umgang mit *Jeliot* für Anfänger, Fortgeschrittene und Dozenten gegeben.

5.3.3 P 47 : Kommandozeile auswerten in Jeliot

Kann man mit Jeliot den Inhalt des Parameters args sichtbar machen, der die Kommandozeilenparameter enthält? Um diese Frage zu beanworten, erstellen wir das Konsolenprogramm Kommandozeile.

```
1  public class Kommandozeile
2  {
3      public static void main (String[] args)
4      {
5          String kommandozeile = "";
6          for (int i = 0; i < args.length; i = i + 1)
7          {
8              kommandozeile = kommandozeile + args[i] + " ";
9          }
10         System.out.println("Kommandozeile: " + kommandozeile);
11     }
12 }
```

Wir lassen das Programm nun wie gewohnt durch Betätigen des *Play-with-args*-Buttons
ausführen und befüllen das *Ausführen mit Argumenten* Dialogfenster mit dem Schriftzug: Jedes Wort ist ein einzelnes Argument

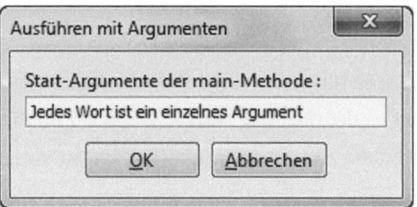

Die Ausgabe im Konsolenfenster sieht wie folgt aus:

```
──────────────── Konsolenfenster ────────────────
Programm wird ausgeführt ...
Kommandozeile: Jedes Wort ist ein einzelnes Argument

Programm beendet
```

Um auch in Jeliot Kommandozeilenparameter eingeben zu können, müssen wir zuerst
Jeliot öffnen. Das *Jeliot*-Plugin öffnet sich. Wir zeigen auf den blauen Hintergrund von

Jeliot und klicken die rechte Maustaste. das *Jeliot*-Kontextmenü erscheint (siehe Abbildung 5.18).

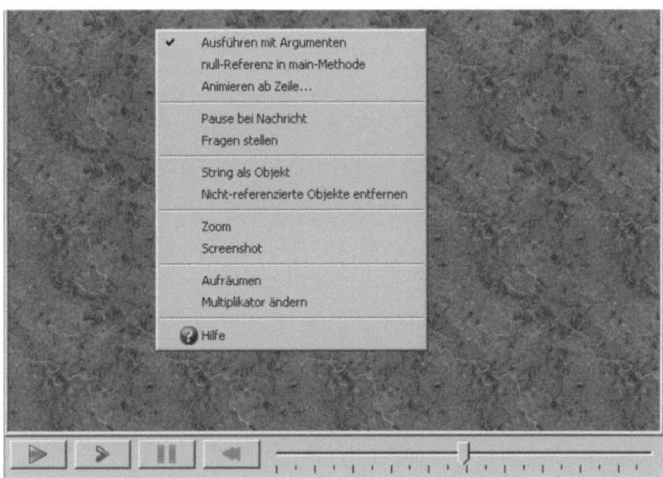

Abb. 5.18: Jeliot Kontextmenü zum Aktivieren der Eingabe von Kommandozeilenparametern

Wir aktivieren – wie in Abbildung 5.18 dargestellt – die Option *Ausführen mit Argumenten*, so dass *Jeliot* analog zum *EJE* über ein Dialogfenster die Eingabe der Kommandozeilenargumente erlaubt. Nun starten wir im *Jeliot* das Programm über den blauen *Jeliot-Play*-Button. Wir geben als *Start-Argumente der main-Methode* ein:

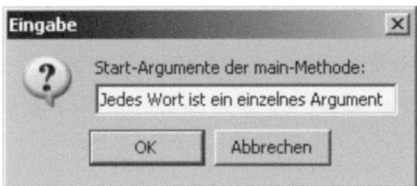

und beobachten nun in *Jeliot*, wie das String-Feld args der *main*-Methode initialisiert wird (siehe Abbildung 5.19).

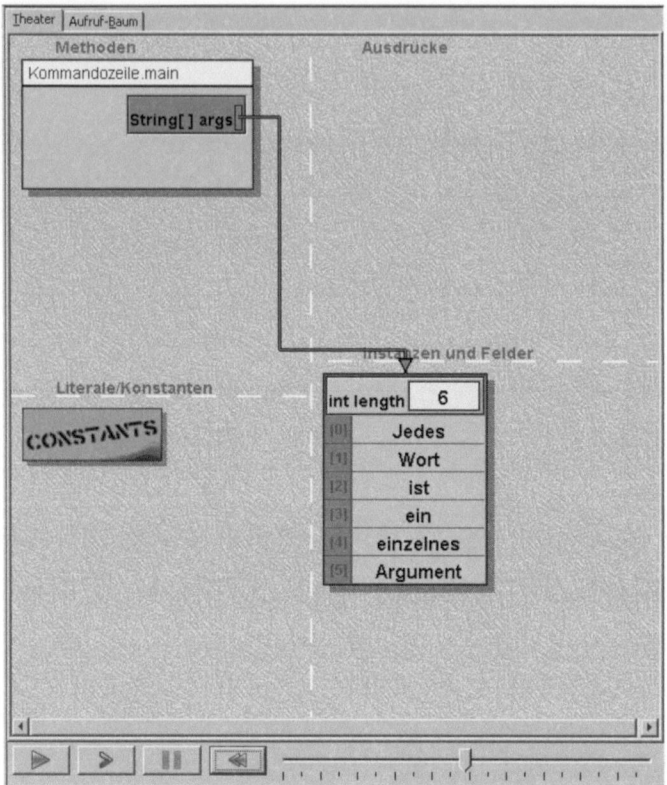

Abb. 5.19: Jeliot Anzeige bei der Ausführung des Programms Kommandozeile

Wir können die Animation jederzeit durch Betätigen des *Jeliot-Pause*-Buttons unterbrechen und durch erneuten Klick auf den *Jeliot-Play*-Button wieder fortsetzen.

Anhand dieses Beispiels können wir nun alle in diesem Buch vorgestellten *Konsolenprogramme*, die eine Eingabe von der *Kommandozeile* erwarten, visuell animieren und nachvollziehen.

Wenn wir ein Programm *ohne* Kommandozeilenparameter animieren möchten, dann Betätigen wir einfach den *OK*-Button, sobald *Jeliot* uns zur Eingabe von Kommandozeilenparametern auffordert. *Jeliot* fährt dann ohne Kommandozeilenparameter fort.

5.3.4 P 48 : Leerzeichen entfernen in Jeliot

Wir wollen nun nochmals das Programm `LeerzeichenEntfernen` betrachten. Dieses Mal jedoch aus der Perspektive des *Jeliot*. Wir blicken hinter die Kulissen von Java und schauen dem Programm `LeerzeichenEntfernen` dabei zu, wie es Leerzeichen bei der Ausgabe eines vorgegebenen char-Feldes konsequent unterdrückt.

```
 1  public class LeerzeichenEntfernen
 2  {
 3      public static void main (String[] args)
 4      {
 5          char z;
 6          char[] zeichenfolge =
 7              { 'D', 'i', 'e', 's', ' ',
 8                'i', 's', 't', ' ',
 9                'e', 'i', 'n', ' ',
10                'T', 'e', 'x', 't' };
11
12          for (int i = 0; i < zeichenfolge.length; i = i + 1)
13          {
14              z = zeichenfolge[i];
15              if (z != ' ')
16              {
17                  System.out.print(z);
18              }
19          }
20      }
21  }
```

In den Programmzeilen 6 bis 10

```
char[] zeichenfolge =
    { 'D', 'i', 'e', 's', ' ',
      'i', 's', 't', ' ',
      'e', 'i', 'n', ' ',
      'T', 'e', 'x', 't' };
```

wird das char-Feld `zeichenfolge` deklariert und mit der Zeichenfolge

```
Dies ist ein Text
```

initialisiert. Wenn wir das Programm mit Hilfe des *Jeliot-Play*-Buttons ausführen, können wir zuschauen, wie die Java Virtual Machine (JVM) zuerst das Feld in seiner Struktur mit 17 Zellen anlegt und dann im Zuge der Initialisierung Zelle für Zelle mit den vorgegebenen Zeichen belegt (siehe Abbildung 5.20).

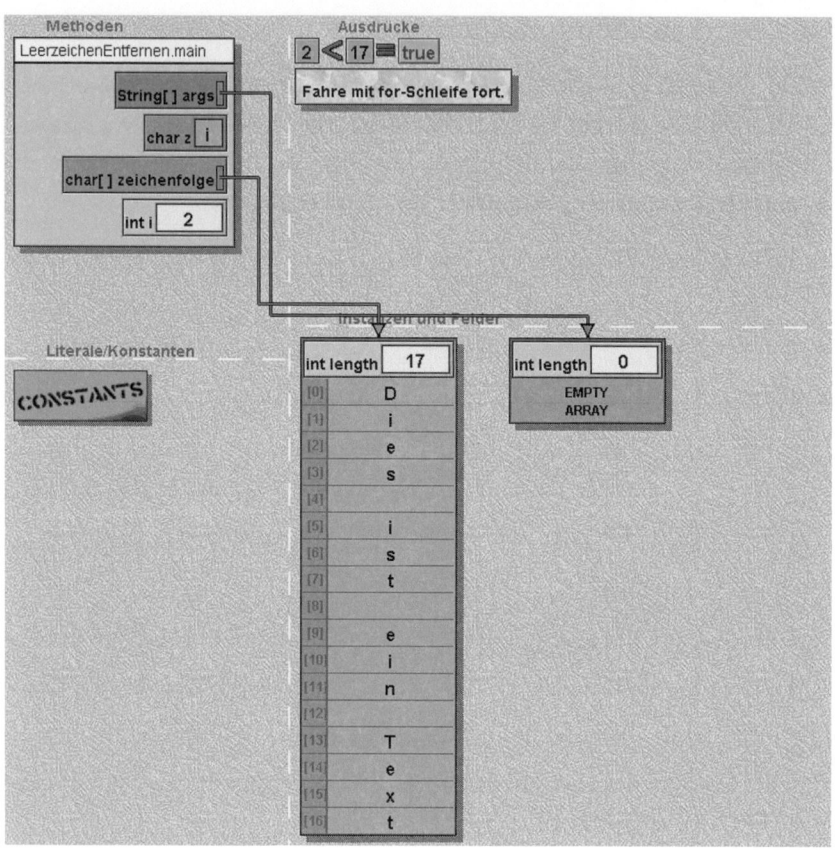

Abb. 5.20: Jeliot Anzeige bei der Ausführung des Programms LeerzeichenEntfernen

Beim Betreten der for-Schleife sehen wir, wie der Java-Interpreter tatsächlich die *Schleifeninitialisierung* der for-Schleife nur ein einziges Mal zu Beginn durchläuft und dann konsequent die *Schleifenbedingung* überprüft, den *Schleifenrumpf* durchläuft und abschließend noch die *Schleifen-Update-Liste* abarbeitet, bevor der Zyklus mit der Überprüfung der *Schleifenbedingung* erneut beginnt.

Experiment P48: Stellen Sie das Programm LeerzeichenEntfernen von der for- auf die while-Schleife um und beobachten Sie im *Jeliot* den neu gestalteten Ablauf!

5.3.5 P 49 : Zahlenfolge sortieren mit BubbleSort

Auch das Sortieren einer vorgegebenen Zahlenfolge mit Hilfe des Sortier-Algorithmus *BubbleSort* ist uns bereits bekannt. Aus der Perspektive des *Jeliot* betrachtet – der nur reine Java-Konsolenprogramme ausführen kann – erschließt sich uns der zugrunde liegende Algorithmus auch ohne die Animation des *EJE TextScreens* unmittelbar.

```java
public class BubbleSort
{
    public static void main (String[] args)
    {
        int[] f = { 1, 10, 2, 9, 3, 8, 4, 7, 5, 6 };

        bubbleSort(f);
        for (int i = 0; i < f.length; i = i + 1)
        {
            System.out.print(f[i] + " ");
        }
    }

    static void bubbleSort (int[] a)
    {
        boolean vertauscht = true;

        for (int i=a.length-1; i > 0 && vertauscht; i=i-1)
        {
            vertauscht = false;
            for (int j = 0; j < i; j = j + 1)
            {
                if (a[j] > a[j + 1])
                {
                    int h = a[j];
                    a[j] = a[j + 1];
                    a[j + 1] = h;
                    vertauscht = true;
                }
            }
        }
    }
}
```

In Abbildung 5.21 können wir im oberen linken Quadranten *Methoden* sehr gut erkennen, dass jede Methode ihre eigenen, lokalen Variablen besitzt. Die lokalen Variablen a, vertauscht, i und j der Methode bubbleSort sind Teil des „Methodenraums" und nur für die Methode bubbleSort sichtbar, nicht jedoch für die *main*-Methode – und auch umgekehrt gilt das Gleiche!

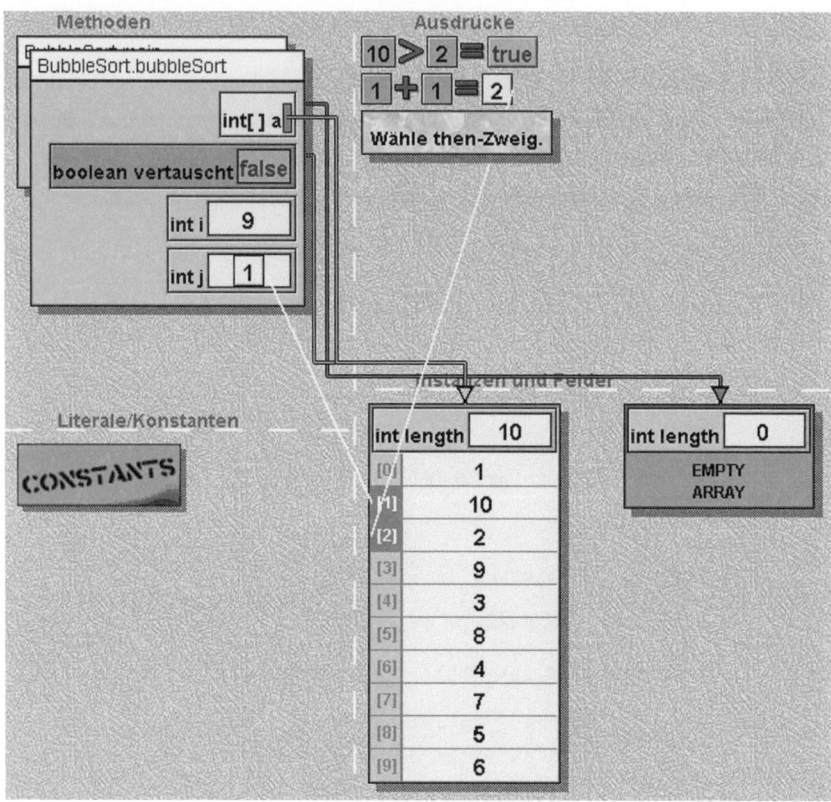

Abb. 5.21: Jeliot Anzeige bei der Ausführung des Programms BubbleSort

Die lokalen Variablen einer Methode sind durch die „Kapsel" ihrer Methode vor äußeren Zugriffen geschützt. Diese schon in der *prozeduralen* Programmierung bekannte *Kapselung von Daten* in *Methoden* wurde später zum Vorbild für die Kapselung von Daten in den *Klassen* der *objektorientierten* Programmierung.

Ebenfalls sehr schön zu sehen ist die Ursache für den *Seiteneffekt*, den das Kommando *bubbleSort* nutzt: Die Methode *bubbleSort* nutzt das durch den Methodenparameter a „höheren Typs" gerissene Loch in der Kapsel, um auf das von der Variable f der *main*-Methode referenzierte int-Feld unter dem Namen a ebenfalls zugreifen zu können.

5.3.6 P 50 : Rekursives Invertieren einer Zeichenkette

Die Fähigkeit von Methoden, lokale Variablen und damit ein „Datengedächtnis" zu besitzen, nutzen wir im Programm InvertiererRekursiv.

```
 1  import Prog1Tools.*;
 2
 3  public class InvertiererRekursiv
 4  {
 5      public static void main (String[] args)
 6      {
 7          invertieren (1);
 8      }
 9
10      static void invertieren (int pos)
11      {
12          char z;
13          z = IOTools.readChar (pos + ".Zeichen: ");
14          if ((z == 'X') || (z == 'x'))
15          {
16              System.out.println ();
17              System.out.print (
18                      "Die umgekehrte Zeichenfolge lautet: ");
19          }
20          else
21          {
22              invertieren (pos + 1);
23          }
24          System.out.print (z);
25      }
26  }
```

Wenn wir das Programm mit Hilfe des *Jeliot-Play*-Buttons ablaufen lassen, dann lernen wir, dass *Jeliot* auch die Eingabe von Benutzerdaten über die Konsole beherrscht, obwohl die dafür zuständige Klasse IOTools *nicht* Teil des Java-Standards ist.

Man kann *Jeliot* also – im begrenzten Maße – auch selbsterstellte Klassen ausführen lassen, was *Jeliot* zum unerlässlichen Begleiter beim Erlernen objektorientierter Prinzipien macht.

Beherrscht *Jeliot* auch rekursive Methodenaufrufe? Die Ausführung des Programms zeigt: Ja, Jeliot kann auch Rekursionen visualisieren und er tut dies in einer sehr anschaulichen Art und Weise, die die Fähigkeit von Methoden, Daten innerhalb ihrer Kapsel zu speichern, zur Geltung bringt.

189

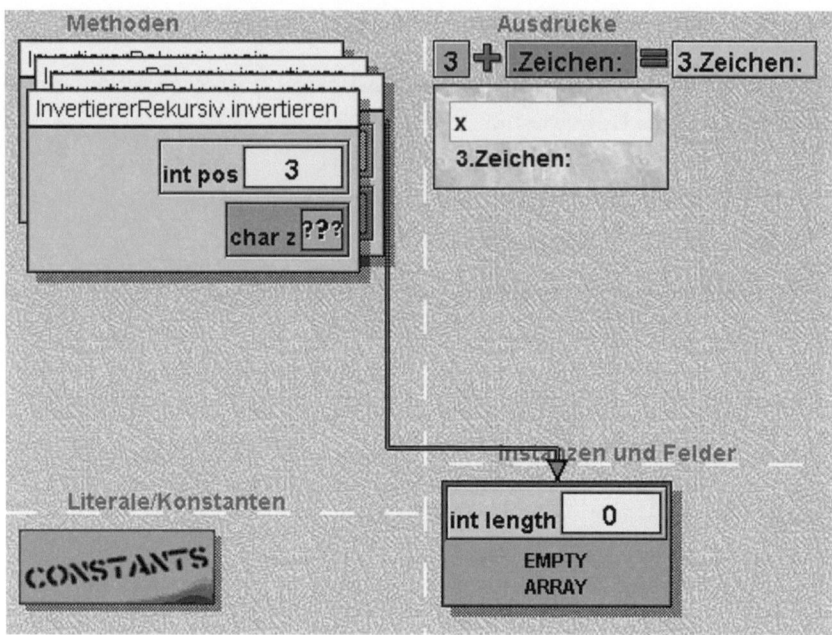

Abb. 5.22: Jeliot Anzeige bei der Ausführung des Programms InvertiererRekursiv

Abbildung 5.1 zeigt im Quadrant *Methoden* sehr anschaulich die Verschachtelung der Methodenaufrufe. Genauer: Die Methodenaufrufe werden auf einen *Stapel* (engl.: *Stack*) gelegt. Dieser *Aufrufstapel* wird beim Einlesen der Zeichen aufgebaut und nach Erreichen der Abbruchbedingung von oben nach unten wieder abgebaut, was die umgedrehte Ausgabe der eingegebenen Zeichen nochmals anschaulich erklärt.

Mit diesem Beispiel, das aus Sicht der Autoren auf anschauliche Art und Weise den für Studierende zu Beginn oftmals kaum greifbaren Begriff der Rekursion erlebbar und damit begreifbar macht, wollen wir uns von Ihnen verabschieden!

Wir danken Ihnen für Ihre Freude am Lernen und Ihren Entdeckergeist, den Sie mit dem Durcharbeiten dieses Buches bewiesen haben. Sie sind nun bestens vorbereitet auf die große Entdeckungsfahrt in die Welt der *objektorientierten Programmierung*, die Sie in Ihrem Studium erwartet! Wir wünschen Ihnen eine spannende und glückliche Fahrt!

6 Zusammenfassung

Dieses Kapitel fasst die wesentlichen Erkenntnisse, die uns dieses Buch für das Programmieren mit Java vermittelt hat, in Form häufig verwendeter *Codefragmente* und einer Liste *goldener Regeln* zur *Code-Formatierung* und zur *Namensgebung* in Java zusammen. Diese *goldenen Regeln* finden Sie in ähnlicher Form in den Anhängen A.1 bis A.3 des Lehrbuchs *Ratz, Scheffler, Seese, Wiesenberger: Grundkurs Programmieren in Java. 6. Aufl. München, Wien : Carl Hanser Verl., 2011*, das eine vollständige Einführung in die objektorientierte Programmierung mit Java für Studierende bietet.

6.1 Häufig verwendete Code-Fragmente

Progammdeklaration

```
public class ProgrammName
{
    public static void main (String[] args)
    {
        ..
    }
}
```

Variablendeklaration

```
    int i;
    String name;
    double[] feld;
```

Konstantendefinition durch das Schlüsselwort final

```
    final double PI = 3.1415926;
    final int MINIMUM = 0;
```

Zuweisung

Bezeichner = Bezeichner, zum Beispiel: x = y;

Bezeichner = Literal, zum Beispiel: x = 1.23;

Zeichenketten-Konkatenation

Java führt automatisch eine implizite Typ-Umwandlung durch, wenn eine Zeichenkette mit dem +-Operator mit irgendeinem Wert eines anderen Datentyps verknüpft wird. Dies spart lästige Schreibarbeit.

Beispiel:

```
double r = 3.5;
System.out.println("Radius : " + r + " cm");
```

if-*Anweisung, mehrzeilig*

```
if (eingabe >= MIN_WERT && eingabe <= MAX_WERT)
{
    System.out.println("zulaessige Eingabe");
}
else if (eingabe < MIN_WERT)
{
    System.out.println("unzulaessige Eingabe wird auf MIN_WERT korrigiert");
    eingabe = MIN_WERT;
}
else
{
    System.out.println("unzulaessige Eingabe wird auf MAX_WERT korrigiert");
    eingabe = MAX_WERT;
}
```

for-*Anweisung*

```
for (i = 1; i <= MAX_WERT; i = i + 1)
{
    System.out.println("noch " + MAX_WERT - i + " Durchlaeufe");
}
```

while-*Anweisung*

```
int i = 1;
while (i <= MAX_WERT)
{
    System.out.println("noch " + MAX_WERT - i + " Durchlaeufe");
    i = i + 1;
}
```

do-*Anweisung*

```
int i = 1;
do
{
    System.out.println("noch " + MAX_WERT - i + " Durchlaeufe");
    i = i + 1;
} while (i <= MAX_WERT);
```

Operator	Name	Beispiel	Bedeutung
==	gleich	if (x == 0)	*Wenn x gleich 0 ist, ...*
!=	ungleich	if (x != 0)	*Wenn x ungleich 0 ist, ...*
<	kleiner als	if (x < 0)	*Wenn x kleiner 0 ist, ...*
>	größer als	if (x > 0)	*Wenn x größer 0 ist, ...*
<=	kleiner gleich	if (x <= 0)	*Wenn x kleiner oder gleich 0 ist, ...*
>=	größer gleich	if (x >= 0)	*Wenn x größer oder gleich 0 ist, ...*

Tab. 6.1: Vergleichs-Operatoren in Java

Operator	Name	Beispiel	Bedeutung
!	NOT	if (!(x > 0))	*Wenn x nicht größer als 0 ist, ...*
&&	AND	if (x > 0 && y > 0)	*Wenn x > 0 und y > 0 ist, ...*
||	OR	if (x > 0 || y > 0)	*Wenn x > 0 oder y > 0 ist, ...*
^	XOR	if (x > 0 ^ y > 0)	*Wenn entweder x > 0 oder y > 0 ist, ...*

Tab. 6.2: Logische Operatoren in Java

Operator	Name	Beispiel	Ergebnis
+	Addition	x = 1 + 2;	*x hat den Wert 3*
-	Subtraktion	x = 3 - 1;	*x hat den Wert 2*
*	Multiplikation	x = 2 * 3;	*x hat den Wert 6*
/	ganzzahlige Division	x = 6 / 4;	*x hat den Wert 1*
%	Modulo	rest = 6 % 4;	*rest hat den Wert 2*
/	Division	x = 6.0 / 4.0;	*x hat den Wert 1.5*

Tab. 6.3: Arithmetische Operatoren in Java

6.2 Die goldenen Regeln der Code-Formatierung

Formatierungs-Regel 1: Rücke zusammenhängende Programmzeilen ein, so dass der logische Zusammenhang durch die Formatierung sichtbar wird!

Beispiel (falsch):

```
public static void schwerLesbar (int eingabe) {

System.out.println("Ueberpruefung der Eingabe:");

if (eingabe <= MAX_WERT)

System.out.println("zulaessige Eingabe!");

else

System.out.println("unzulaessige Eingabe!");

}
```

Beispiel (richtig):

```
public static void gutLesbar (int eingabe)
{
    System.out.println("Ueberpruefung der Eingabe:");

    if (eingabe <= MAX_WERT)
    {
        System.out.println("zulaessige Eingabe!");
    }
    else
    {
        System.out.println("unzulaessige Eingabe!");
    }
}
```

Formatierungs-Regel 2: Schreibe immer nur eine Anweisung pro Zeile!

Beispiel (falsch):

```
public static void schwerLesbar (int eingabe) {

System.out.println("Ueberpruefung der Eingabe:");

if (eingabe <= MAX_WERT) System.out.println("zulaessige Eingabe!");

else System.out.println("unzulaessige Eingabe!");

System.out.println ("Ueberpruefung beendet.");

}
```

Beispiel (richtig):

```
public static void gutLesbar (int eingabe)
{
    System.out.println("Ueberpruefung der Eingabe:");

    if (eingabe <= MAX_WERT)
    {
        System.out.println("zulaessige Eingabe!");
    }
    else
    {
        System.out.println("unzulaessige Eingabe!");
    }

    System.out.println ("Ueberpruefung beendet.");
}
```

Formatierungs-Regel 3: Setze die sich öffnende und die zugehörige sich schließende geschweifte Klammer stets untereinander in die gleiche Spalte!

Beispiel (falsch):

```
public static void schwerLesbar (int eingabe) {
System.out.println("Ueberpruefung der Eingabe:");
if (eingabe <= MAX_WERT) {
    System.out.println("zulaessige Eingabe!");
    if (eingabe >= MIN_WERT) {
    System.out.println("perfekte Eingabe!");
}}
    System.out.println("unzulaessige Eingabe!");
}
System.out.println ("Ueberpruefung beendet.");
}
```

Beispiel (richtig):

```
public static void gutLesbar (int eingabe)
{
    System.out.println("Ueberpruefung der Eingabe:");
    if (eingabe <= MAX_WERT)
    {
        System.out.println("zulaessige Eingabe!");
        if (eingabe >= MIN_WERT)
        {
            System.out.println("perfekte Eingabe!");
        }
    }
    else
    {
        System.out.println("unzulaessige Eingabe!");
    }

    System.out.println ("Ueberpruefung beendet.");

}
```

Formatierungs-Regel 4: Eine Abfrage hat immer genau eine return-Anweisung – und diese steht in der letzten Zeile des Methodenrumpfes in der Form: `return result;`

Beispiel (falsch):

```
public int minimum (int a, int b)
{
    if (a < b) return a;

    if (a > b) return b;

    if (a == b) return a;

}
```

Beispiel (richtig):

```
public int minimum (int a, int b)
{
    int result = 0;

    if (a < b)
    {
        result = a;
    }
    if (a > b)
    {
        result = b;
    }
    if (a == b)
    {
        result = a;
    }
    return result;
}
```

6.3 Die goldenen Regeln der Namensgebung

Namens-Regel 1: Programmnamen beginnen immer mit einem *Großbuchstaben*. Setzen sich Programmnamen aus mehr als einem Wort zusammen, wird jedes Wort mit einem *Großbuchstaben* begonnen.

Beispiele:

```
Mittelwert  MeinProgramm  DreiGewinnt
```

Namens-Regel 2: Variablen- und Methodennamen beginnen immer mit einem *Kleinbuchstaben*. Setzen sich diese Namen aus mehr als einem Wort zusammen, wird jedes Wort mit einem *Großbuchstaben* begonnen.

Beispiele:

```
radius  anzahlWerte  istPalindrom(String s)
```

Namens-Regel 3: Konstantennamen werden vollständig in *Großbuchstaben* geschrieben. Setzen sich Konstantennamen aus mehreren Worten zusammen, werden diese durch *Unterstriche* getrennt.

Beispiele:

```
PI   PI_HALBE  MAX_FLAECHE
```

7 Stichwortverzeichnis